ADAC

Mosel

von Cornelia Lohs

10 ADAC Top Tipps

Das müssen Sie gesehen haben! Die zehn Top Tipps bringen Sie zu den absoluten Highlights.

25 ADAC Empfehlungen

Unterwegs gut beraten: Diese 25 ausgesuchten Empfehlungen machen Ihren Urlaub perfekt.

Preise für ein DZ mit Frühstück:

€ | bis 100 €
€€ | bis 150 €
€€€ | ab 150 €

Preise für ein Hauptgericht:

€ | bis 15 €
€€ | bis 20 €
€€€ | ab 20 €

3-mal draußen

1 Rebkultur an der Mosel

An der Südlichen Weinmosel, im Ruwetal, der Mittelmosel und der Terrassenmosel werden interessante Exkursionen durch die Weinberge mit zertifizierten Kultur- und Weinbotschaftern angeboten. Je nach Thema der Wanderung kommen neben Wissenswertem über den Wein auch Architektur, Literatur und die gallo-römische Geschichte entlang der Mosel nicht zu kurz.

■ www.kultur-und-weinbotschafter.de/mosel

2 Kanutour auf der Mosel

Beim Kanufahren lernt man die Umgebung aus einer völlig neuen Perspektive kennen. Die vorbeiziehenden Weinberge und idyllischen Dörfer erscheinen vom Wasser aus noch mal so schön. Dank zahlreicher Anlegeplätze und Stege ist die Mosel als Wasserwanderroute hervorragend ausgestattet. Das macht es auch ungeübten Neulingen im Kanu leicht, den Fluss paddelnd zu erkunden.

■ www.visitmosel.de/services/unterwegs-auf-dem-fluss/paddelerlebnis

3 Kulturweg Dortebachtal

Im ältesten Naturschutzgebiet an der Mosel trifft man auf eine Flora und Fauna wie sonst nirgendwo in der Gegend: Apollofalter, Smaragdeidechse, weißer Diptam u.a. Ein Eidechsen-Logo weist den Weg. Der kleine Dortebach führt durch ein mystisch anmutendes Waldgebiet zu einem Wasserfall, danach über Serpentinen zum Bergplateau Klottener Neuwald und schließlich zum Aussichtspunkt »Kasteschkopp« mit grandiosem Panoramablick über das Moseltal

■ 6,7 km, Infos unter www.visitmosel.de, bei der Suche »Dortebachtal« eingeben.

Seite 30

Intro

Magazin

Im Blickpunkt

Unterwegs

Seite 141

Seite 139

Zu diesen Orten und Sehenswürdigkeiten finden Sie Detailkarten im Innenteil des Reiseführers.

Service

Umschlag:

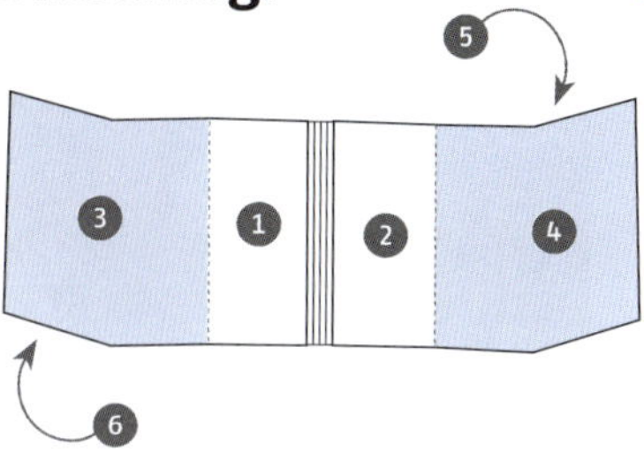

ADAC Top Tipps: Vordere Umschlagklappe, innen 1

ADAC Empfehlungen: Hintere Umschlagklappe, innen 2

Übersichtskarte Mosel West: Vordere Umschlagklappe, innen 3
Übersichtskarte Mosel Ost: Hintere Umschlagklappe, innen 4
Stadtplan Trier: Hintere Umschlagklappe, außen 5
Ein Tag in Trier: Vordere Umschlagklappe, außen 6

Das grüne Juwel im Herzen Europas

Rebgärten, so weit das Auge reicht, eine Flusslandschaft, die nördlich der Alpen ihresgleichen sucht, idyllische Dörfer – und überall Wein

Friedliche Herbststimmung im Tal der Untermosel, hier bei Zell

Wer einmal mit dem Schiff die kurvenreiche Mosel hinauf- oder hinabgefahren ist, den lässt die Schönheit der Landschaft nicht mehr los. Wie auf einem Gemälde zieht sich zu beiden Seiten des Ufers ein dicht bepflanztes Rebenmeer an den Steilhängen bis zum Horizont empor. Das Wasser leuchtet in sanftem Grün. Am Fuß der Weinberge liegen malerische Weindörfer mit romantischen Fachwerkbauten und Städtchen in Jugendstilarchitektur. Ein Traumpanorama, das sich hinter jeder Flussschleife selbst übertrumpft. Die Mosel und ihr Wein faszinieren auch seit je Maler und Schriftsteller und fanden in den vergangenen Jahrhunderten immer wieder in der deutschen Literatur Erwähnung. Rudolf G. Binding etwa verewigte sie 1932 in seiner Novelle »Moselfahrt aus Liebeskummer«, Kurt

Tucholsky schrieb »Wir soffen uns langsam den Fluss hinab ...« und Goethe »... genoss des köstlichsten Moselweins ...« im Jahre 1792. Der zeitgenössische deutsche Schriftsteller Hanns-Josef Ortheil schrieb die autobiografische Reiseerzählung »Die Moselreise« nach einem Tagebuch, das er als Elfjähriger schrieb.

Trier – die heimliche Hauptstadt der Mosel

Als Rom des Nordens wird Deutschlands älteste Stadt gerne betitelt. Das rührt von den zahlreichen antiken Schätzen aus der Zeit her, als die Römer hier noch das Sagen hatten: der Monumentalbau Porta Nigra, ein Amphitheater, die Reste römischer Badehäuser, eine Steinbrücke über die Mosel, die Konstantinbasilika, prachtvolle Mosaiken und der »Trierer Goldschatz«, der größte erhaltene römische Goldschatz der Welt. Weitere Attraktionen der Stadt sind das Geburtshaus von Karl Marx mit einer Dauerausstellung über sein Leben und Wirken, der Hauptmarkt in der Altstadt und der Dom. Die 20 000 Studenten von zwei Hochschulen geben der alten Römerstadt ein junges Gesicht, und die zahlreichen Besucher aus dem Ausland verleihen ihr eine internationale, weltoffene Atmosphäre. Mit ihrer Größe von knapp 115 000 Einwohnern ist die Stadt recht überschaubar, und man kann alle Sehenswürdigkeiten zu Fuß erreichen.

Aushängeschild von Trier: die Porta Nigra (unten) – Kaffeetrinken an der Leuk in Saarburg (ganz unten)

Mittelmosel – steile Weinberge und römische Überbleibsel

Auf dem 120 Kilometer langen Abschnitt zwischen Trier und Reil werden die Hänge steiler, und die Mosel mäandert ganz schön. In Schweich, wenige Flusskilometer abwärts von Trier, beginnt die Römische Weinstraße, die sich bis Trittenheim hinzieht und 19 kleine Orte umfasst. Hier haben die Römer bereits im 1. Jh. n. Chr. Weinreben angebaut. Stumme Zeugen jener Zeit sind die Villa Rustica in Mehring, die Villa Urbana in Longuich und die römische Wasserleitung in Pölich. Die Mittelmosel ist nicht nur für ihre abschüssigen Weinberge berühmt, sondern auch für das Jugendstilstädtchen Traben-Trarbach, einst der bedeutendste Weinhandelsplatz nach Bordeaux und heute Standort von Deutschlands größtem Buddha-Museum sowie Bernkastel-Kues mit seinen alten Fachwerkhäusern und einem mittelalterlichen Marktplatz, Geburtsort des Universalgenies Nikolaus von Kues, der als Cusanus in die Geschichte einging.

» Bis Koblenz schwammen wir ruhig hinunter, und ich erinnere mich nur deutlich, dass ich am Ende der Fahrt das schönste Naturbild gesehen, was mir vielleicht zu Augen gekommen. «

Goethe

Stadt an zwei Flüssen – Koblenz

Die Mosel und der Rhein treffen sich an der künstlich aufgeschütteten Landzunge Deutsches Eck. Markiert wird diese Stelle von einem monumentalen Reiterstandbild des Kaisers Wilhelm I. Die Stadt glänzt mit zahlreichen jahr-

Bei Mettlach schlängelt sich die Saar in einer Schleife durch die schöne Landschaft

hundertealten, aber auch ganz aktuellen Kulturdenkmälern. Das interaktive ROMANTICUM lädt zu einer virtuellen Flussfahrt auf dem Rhein ein. Eine traumhafte Sicht verspricht eine Fahrt mit der Seilbahn, bei der es recht spektakulär über den Rhein hoch hinauf geht bis zur Festung Ehrenbreitstein.
Die Altstadt ist ein wahrer Besuchermagnet mit ihren verwinkelten Gassen, geschäftigen Fußgängerzonen, individuellen Läden, idyllischen Hinterhöfen und kleinen und großen Plätzen, die mit zahlreichen Straßencafés und gemütlichen Kneipen und Weinstuben gespickt sind. Da sich die meisten Sehenswürdigkeiten in- und außerhalb der Altstadt auf engstem Raum ballen, sind sie bequem zu Fuß erreichbar.

Untermosel– hier reifen die besten Rieslingtrauben der Welt

Die Weinberge sind auf den letzten 100 Flusskilometern in extremen Steillagen terrassenförmig angelegt. Bei Bremm liegt der Calmont, Europas steilster Weinberg mit Hangneigungen bis über 65 Grad. Über den Weinbergen thronen romantische Burgen und verwunschene Schlösser. Touristisches Zentrum ist Cochem, Deutschlands kleinste Kreisstadt, die mit ihren verwinkelten Gassen, einer Seilbahn und der mächtigen Reichsburg über der historischen Altstadt zu den meistbesuchten Orten an der Mosel zählt. Während des Kalten Krieges entstand in dem Städtchen der Geheimbunker der Deutschen Bundesbank, in dem, für den Fall der Fälle, 15 Milliarden D-Mark als Notstandswährung lagerten. Heute lagert hier nichts mehr, der gigantische Bunker ist seit 2016 ein Museum und zieht die Besucher in Scharen an.

Größte Stadt *Koblenz mit knapp 115 000 Einwohnern*

Flusslänge *545 km, davon 232 km in Deutschland, wovon die meisten Flusskilometer in Rheinland-Pfalz liegen*

Tourismus *Über 2,5 Mio. Gäste/Jahr*

Rebflächen *8770 ha mit ca. 60 Mio. Rebstöcken, 98 % davon in Rheinland-Pfalz*

Rebsorten *91 % weiß, Riesling, Müller-Thurgau, Elbling, Blauer Spätburgunder, Weißer Burgunder, Dornfelder, Kerner, Grauer Burgunder*

Winzerbetriebe *Ca. 3200*

Steilster Weinberg *Bremmer Calmont*

Darauf sind die Mosel-Bewohner besonders stolz *Die 2000-jährige Kultur, die Steillagen-Winzer und die markanten Moselschleifen*

Wichtigstes Wort an der Mosel *Riesling*

Größter Besuchermagnet *Die Landschaft und die Weinkultur*

Das gibt es nur hier *Das Moselschleifen-Panorama, Steilhänge, den steilsten Weinberg Europas*

Darin sind die Bewohner Weltmeister *Lebensfreude genießen und gemeinsam feiern*

Magazin

So idyllisch zeigt sich das Moseltal an vielen Stellen: der gemächlich mäandernde Fluss mit seinem tiefblauen Wasser, die Ufer, an denen hübsche kleine Orte liegen oder sich Weinberge die sanften Hänge hinaufziehen. Oft thronen ehemals stolze Burgen auf den Anhöhen, wie hier bei Ellenz-Poltersdorf. Gegenüber, am anderen Moselufer, liegt Beilstein.

Ein Großteil der Häuser rund um den Petrusbrunnen am Trierer Hauptmarkt haben den Krieg unbeschadet überstanden. So reihen sich hier Bauten aus ganz verschiedenen Epochen wie Barock, Klassizismus und Renaissance aneinander und bilden ein vielfältiges, aber stimmiges architektonisches Ensemble.

Die im 16. Jh. erbaute Festung Ehrenbreitstein wurde Anfang des 19. Jh. gesprengt und dann unter preußischer Führung neu errichtet. Sie galt durch ihre Lage auf dem gleichnamigen Berg mit seinen steilen Hängen als uneinnehmbar. Die Festung befindet sich in Koblenz gegenüber der Moselmündung.

Beste Reisezeit Mosel

FRÜHLING

März	April	Mai
-2° / 10°	4° / 14°	8° / 19°
4	5	6
16	11	14

Die ersten Sonnenstrahlen fallen aufs Moseltal, überall grünt und blüht es, an den Reben bilden sich Knospen und die neuen Weine werden verkostet.

Der Frühling beginnt hier etwas früher als im Rest des Landes. Durch sein Mikroklima ist das Moseltal eine der wärmsten Gegenden Deutschlands. Radelfreudige Moselurlauber schwingen sich auf ihren Drahtesel, weinselige Wanderer gehen auf Entdeckungstour und erkunden Etappen des Moselsteigs, und Wochenendbesucher füllen die Straßencafés in den Winzerstädtchen. Im April beginnen die ersten Wein- und Straßenfeste entlang der Mosel. Cochem feiert das Blütenfest des Roten Mosel-Weinbergpfirsichs, Traben-Trarbach lädt zur Jungweinprobe ein, und Zell lockt mit dem Weinfest der Zeller »Schwarze Katz« (S. 141) zahlreiche Besucher zu edlen Moselweinen und moseltypischen Gerichten in die Weinberge. Anfang Mai leitet das »Fest der Römischen Weinstraße« in Schweich die Saison an der Römischen Weinstraße ein, andernorts finden Steil- und Weinlagenfeste statt. Zahlreiche Winzer öffnen Anfang Juni und Pfingsten ihre Keller für Besucher. Zu kosten gibt es Weine, Sekt, Schnäpse und andere edle Tropfen, und an der luxemburgischen Mosel zu jedem Wein den passenden Käse aus der Region. An Mittel- und Terrassenmosel wird mit Genusstagen, Mosel-Wein-Wochen, Straßenweinfesten, Weinwanderungen und Winzerhoffesten gefeiert. Die Hotelpreise sind kaum niedriger als in der Sommersaison, und beliebte Reiseziele wie Bernkastel-Kues, Cochem und Traben-Trarbach sind an manchen Tagen regelrecht überlaufen.

Magnolienblüte im Palastgarten des Kurfürstlichen Palais in Trier

Die Mosel eignet sich mit ihrem ruhigen Wasser auch für Ausflüge mit dem SUP

SOMMER

Sattes Grün dominiert die Flusslandschaft, die Moselpromenaden werden zu Flaniermeilen und Wein- und Straßenfeste zu Besuchermagneten.

Im Juli und August schnellt die Quecksilbersäule rasant hoch. Dann kann es an der Mosel ganz schön schwül werden. Wenn es für längere Rad- und Wandertouren zu heiß ist, bieten sich Ausflugsfahrten auf Schiffen und Paddeltouren mit dem Kanu geradezu an. Das Unterwegssein auf dem Wasser macht die Temperaturen nicht nur erträglich, es bietet auch einen Perspektivwechsel – nirgendwo ist der Blick auf die Weinberge schöner. An den Wochenenden finden von der Ober- bis zur Untermosel zahlreiche Weinfeste und andere Events statt. Im Juli steht in Piesport mit Musik, Feuerwerk und Wein die »Moselloreley in Flammen«, Zeltingen glänzt mit den Operettenfestspielen, in Bernkastel-Kues verwandelt sich das Kueser Moselufer während des Moselauenfestes in eine kulinarische Meile mit Livemusik, und ab Mitte Juli bis Oktober finden im Rahmen des Mosel-Musikfestivals über 50 Konzerte an mehr als 43 Spielstätten entlang der Mosel statt. Im August bringen beim Lampionfest in Winningen bunte Lichter das Moselufer zum Leuchten, in der Reichsburg Cochem treffen sich Gaukler, Minnesänger und Ritter, und ein Megaevent für die ganze Familie ist die »Mosel Ballon Fiesta« in Föhren. Ende August feiert Winningen ganze zehn Tage lang das älteste Winzerfest Deutschlands. Langeweile kommt im Sommer garantiert nicht auf!

	Juni	Juli	Aug.
Temperatur Min./max.	12° / 22°	13° / 23°	13° / 23°
Sonnenstunden/Tag	7	6	6
Regentage im Monat	13	13	14

Die Bedeutung der Symbole:
(Angaben sind Mittelwerte)

9° / 18° Temperatur Min./max.

Sonnenstunden/Tag

Regentage im Monat

Im Herbst ziehen Nebelschwaden über die Weinberge und ihre Dörfer

HERBST

Die Herbstsonne taucht das Moseltal in ein einzigartiges Farbenmeer. Die Weinlese beginnt, und flussauf- und -abwärts laden die Winzerorte zu Weinfesten ein.

Sept.	Okt.	Nov.
10° 20°	7° 14°	3° 8°
5	3	2
13	15	17

Die Temperaturen sind noch mild, die Herbstsonne lacht. Das Farbenspiel der Blätter in den Weinbergen und den Wäldern ist überwältigend. Von der Farbenpracht her erinnert es an den nordamerikanischen Indian Summer. So ist es kein Wunder, dass September und Oktober nach dem August die besucherstärksten Monate an der Mosel sind. Das Wetter ist perfekt für ausgedehnte Wanderungen in den Weinbergen und auf den Etappen des Moselsteigs sowie für Radtouren entlang des Flusses. Besonders schön sind nun Spaziergänge durch bunte Blätterwälder zu den Burgen im Moseltal. Ende September beginnt die Lese der früh reifenden Rebsorten, Mitte Oktober die Riesling-Ernte in den Steillagen. Bis in den November hinein finden Wein-, Winzer- und Federweißerfeste statt (www.mosel-weinfeste.de).

Zu den schönsten Events im September gehören das Wein- und Straßenfest in Zeltingen und das Straßenfest in Lieser mit Höhenfeuerwerk. In Piesport findet am ersten Oktoberwochenende das Kellerfest statt, wo sich alles um den Wein dreht - vom Weinbummel durch den Ort, einer Führung durch die römische Kelteranlage bis hin zu Kulinarischem rund um den Wein.

WINTER

Das Moseltal lockt im Winter mit Wanderungen durch die Weinberge, hübschen Weihnachtsmärkten, Wellness-Angeboten und romantischen Auszeiten.

Dez.	Jan.	Feb.
0° 5°	-1° 4°	-1° 6°
5	1	3
19	21	13

Das Wetter ist nicht sehr einladend, die Wolken hängen tief, und die jetzt kahlen Weinberge ruhen im Winterschlaf. Von Dezember bis Februar ist es im Moseltal am kältesten, die Temperaturen fallen jedoch selten unter den Gefrierpunkt. Wanderfreudige, denen das kalte Wetter nichts ausmacht, unternehmen Winterwanderungen auf den kürzeren Etappen des Moselsteigs und erfreuen sich gut verpackt an der klaren Luft, den frischen Temperaturen und Panoramablicken über das Tal. Wer es lieber kuschelig mag, findet in Wellness-Hotels entlang der Mosel Entspannung pur. Dank der Weihnachtsmärkte wird die Mosel ab Mitte/Ende November zum beliebten Wochenendreiseziel.

Ab dem vorletzten Novemberwochenende lockt Traben-Trarbach Besucher ins mystische Halbdunkel des unterirdischen Weihnachtsmarktes in jahrhundertealten Weinkellern, in Bernkastel-Kues stürzen sich Sporttaucher zum 1200 m langen Fackelschwimmen in die eisige Mosel, wobei sie vom heiligen St. Nikolaus auf einer Barke begleitet werden, und am Marktplatz von Bernkastel steht der größte Adventskalender der Moselregion. Cochem glänzt mit der Burgweihnacht, einem lebendigen Krippenspiel und einem Weihnachtsmarkt in der Altstadt mit Köstlichkeiten wie Rieslingstollen und Leckereien aus Rotem Weinbergpfirsich, und moselaufwärts ist auf dem Trierer Weihnachtsmarkt an den Wochenenden Deutschlands einzige Glühweinkönigin unterwegs.

Fachwerkbauten am Bernkasteler Marktplatz

Deftig, herzhaft und mit Riesling verfeinert

Der Riesling spielt in der Moselküche eine große Rolle. Es gibt kaum ein Gericht, das nicht mit dem edlen Rebensaft abgeschmeckt wird.

Gräwes, Krumperschnieden, Krumpernsupp, Scholes … leicht liest sich die Speisekarte mit den regionalen Spezialitäten nicht gerade. Das Wort »Krumper« ist Bestandteil mehrerer Speisen, und auf Nachfrage erklärt die Bedienung, dass es sich dabei um die Kartoffel handelt. Diese steht seit jeher im Zentrum aller Gerichte der moselländischen Küche. Aufgrund ihres hervorragenden Sättigungseffektes erfüllte sie eine wichtige Aufgabe: Sie füllte die Mägen der schwer arbeitenden Winzer und Arbeiter im Weinberg. Die Krumper hat bis heute nichts auf der Beliebtheitsskala eingebüßt. Sie ist in fast jedem Gericht vertreten. Wie im Gräwes, dem Winzergericht aus Sauerkraut, Kartoffelbrei und wahlweise Eisbein, Kasseler oder Schweinerippchen, wobei das Sauerkraut mit Speck und Riesling verfeinert wird. Das Winzersteak wird in Riesling mariniert, der moseltypische Winzerauflauf aus Baguettescheiben und Bergkäse wird gerne mit Riesling abgeschmeckt, der Mosel-Zander schwimmt in Rieslingsoße, und für

In der Sonne unter den Weinranken schmeckt der Rebensaft noch besser

Weincreme und Rieslingsuppe sind gleich mehr als ein halber Liter vonnöten. Dass der Moselweißwein auch zu den jeweiligen Gerichten getrunken wird, versteht sich von selbst.

DAS ABC DER MOSELKÜCHE

Deftige Moselspezialität: Gräwes mit Lammwürstchen, Blutwurst und Kassler

Äppelfleisch	In Hefeschnaps geschmortes Schweinefleisch mit Äpfeln, Rosinen und Zwiebeln
Debbekooche	(auch Dippelappes oder Döppekuchen) Überbackener Kartoffelauflauf
Fischgulasch	Eintopf mit Forelle, Zander, Speck, Kartoffeln und Gemüse
Flieten	Gebratene Hähnchenflügel
Gräwes	Eisbein mit Kartoffelbrei und Riesling-verfeinertem Sauerkraut
Grupfter	Mit Butter, Eiern, Knoblauch und Salz durchgekneteter Frischkäse, der mit Bauernbrot und Zwiebelringen serviert wird
Krumperschnieden	(auch Krumpernschnietscher) Kartoffelpuffer
Krumpernsupp	Kartoffelsuppe
Krombierewurscht	Kartoffelwurst aus Schweinefleisch, Gewürzen, Zwiebeln und Kartoffeln
Löffelsches Bohnen	Grüne Bohnen mit Bauchspeck und Kartoffeln
Nonnefürz	In Öl gebackene Teigbällchen (Karnevalsgebäck)
Riebelesupp	Süße Suppe aus Mehlteig, Milch, Vanille, Zimt und Zucker
Rud Peesch	Roter Weinbergpfirsich
Scholes	Kartoffelauflauf mit Speck
Spundekäs	Pikant angemachter Frischkäse
Tresterfleisch	In Wein und Trester eingelegter Braten, der mit Wirsing und Kartoffelbrei serviert wird
Winzerauflauf	Auflauf aus Baguettescheiben, Bergkäse und Riesling, vermischt mit Crème fraîche, Milch, Eiern und Weintrauben
Winzerbrot	Weizen-Roggenbrot mit Riesling, Weinlaub und Griebenschmalz gebacken
Winzersteak	Schweinesteak in Riesling mariniert

VON AAL BIS ZANDER

Die Mosel zwischen Trier und Koblenz ist ein fischreiches Gewässer. Zu ihren Bewohnern zählen Aal, Barsch, Forelle, Hecht, Rotauge und Zander. Ob frittiert, gebacken, gebraten, gedünstet, gegart, gegrillt, geräuchert oder geschmort, der Fisch gehört ebenso zur Moselküche wie die deftigen Fleischgerichte, wobei

Geräuchertes Dreierlei aus dem Fluss: Aal, Forelle und Wels

neben den gebackenen Rotaugen und dem Zander in Rieslingsoße ganz besonders der frisch geräucherte Aal zu den typischen Moselspezialitäten zählt. Einige Fischereien an der Mosel servieren in hauseigenen Lokalen ihre Delikatessen aus der eigenen Räucherei, wie das Restaurant »Zum Moselfischer Harry« in Burg im Landkreis Bernkastel-Wittlich, wo neben Aal und Zander weitere Moselfische auf der Karte stehen (www.moselfischerei.de).

NUR DEFTIGE FLEISCHGERICHTE? VON WEGEN!

Zugegeben, die Moselregion punktet nicht gerade mit vegetarischen und veganen Restaurants – wer sich fleischfrei ernährt, muss während einer Reise durch die Region dennoch nicht am Hungertuch nagen. So gut wie jedes Restaurant entlang der Mosel bietet mindestens ein vegetarisches Essen an, manche sogar zwei oder drei, und wer auf alle tierischen Produkte verzichtet, dem bereitet der Küchenchef auf Anfrage auch ein rein pflanzliches Gericht zu. In Zeltingen-Rachtig befindet sich Deutschlands erstes veganes Hotel (S. 135, Nicolay 1881, www.hotel-nicolay.de), dessen Restaurant leckere und innovative Gerichte zubereitet und auch Riesling ohne tierische Inhaltsstoffe anbietet. In Trier gibt es Vegetarisches und Veganes bei Liebling Trier (S. 101) in der Rindertanzstraße 15 und bei BioGate in der Palaststraße 3 sowie in Koblenz im Café Bistro Pfefferminzje (S. 164) in der Mehlgasse 12, wo Herzhaftes in der vegetarischen/veganen Variante auf der Karte steht.

In aller Munde

... ist der Riesling von der Ober- bis zur Untermosel tatsächlich im wahrsten Sinne des Wortes. In Sachen Riesling-Produktion macht den Moselwinzern so schnell keiner etwas vor.

Das Moseltal ist nicht nur die deutsche Hochburg des Rieslings, sondern mit 5392 Hektar auch die größte Rieslinganbaufläche weltweit. Ende des 19. Jh. zählten die Steillagen-Rieslinge von der Mosel zu den teuersten Weißweinen der Welt und waren weitaus teurer als die Spitzenweine aus Frankreich. Bei Ausbruch des Ersten Weltkrieges fielen jedoch zahlreiche Hauptabnehmer für teure Weine weg, und die meisten Winzer begannen notgedrungen mit dem Export preiswerter Rieslingsüßweine. Dieses Image haftete dem Riesling lange an, der heute längst wieder als das Aushängeschild des deutschen Weinbaus gilt. Riesling ist jedoch nicht gleich Riesling. Es gibt ihn in allen Qualitätsstufen und Geschmacksrichtungen von trocken bis edelsüß. Die Rebsorte ist vielseitig, und je nach Lage, Boden und Klima variiert der Geschmack. So stammen die besten Rieslinge aus den steilen Südhängen der Terrassenmosel und den Rebgärten der Mittelmosel, wo die porösen Schieferböden die Sonnenwärme speichern, was dem Riesling hervorragende Reifebedingungen bietet. Zu den bekanntesten Lagen an der Mittelmosel zählen der Kröver Nacktarsch, die Zeller Schwarze Katz und die Zeltinger Sonnenuhr, zu den Grand Cru-Weinlagen unter anderem der Bernkasteler Doctor, der Bremmer Calmont an der Terrassenmosel und das weltberühmte Piesporter Goldtröpfchen.

Bekannteste Weinsorte aus dem Moseltal: der Riesling

Nicht nur Riesling

Ein typisches Mitbringsel von der Mosel? Das gibt es flussaufwärts und -abwärts hauptsächlich in Form von kulinarischen Köstlichkeiten.

Man hat die Qual der Wahl. In den Gassen der kleinen Moselstädtchen reiht sich ein Weinladen an den anderen, ein Schaufenster ist schöner gestaltet als das andere, die Auswahl in den Regalen der Läden überwältigend – hier steht alles, was der Weinberg hergibt: Moselweine, Winzersekt, Hochprozentiges, Trauben-

Auch Hochprozentiges wird aus den Moseltrauben hergestellt

kernöl, Leckeres aus Weintrauben und vor allem an der Terrassenmosel Produkte aus Rotem Weinbergpfirsich wie Brände, Liköre, Sirup, Balsamico, Fruchtaufstriche und Senf. Gerne gekauft wird neben dem Riesling der Winzersekt, wobei das Weingut St. Laurentius in Leiwen (ca. 31 km nordöstlich von Trier) mit seinem mehrfach ausgezeichneten Winzersekt zu den besten Moselsektproduzenten gehört (www.st-laurentius-sekt.de). Ein beliebtes und dank seines hohen Vitamin E-Gehalts gesundes Mitbringsel ist kaltgepresstes Traubenkernöl. Günstiger als im Laden gibt es das Öl und andere Produkte aus Traubenkernen im Werksverkauf der Vitis Traubenkern GmbH in Neumagen-Dhron (www.

vitis24.de). Wer gerne Salate zubereitet, möchte auf den Riesling-Balsamico nicht verzichten. Bei »Bauer – Weine und mehr« in Cochem gibt es gleich eine ganze Palette an Balsamico-Essig, darunter auch den aus Rotem Weinbergpfirsich. In den Regalen des Spezialitätenladens stehen zahlreiche weitere Köstlichkeiten aus der Region wie Gelee und Marmelade aus Rot- und Weißwein und Weinbergpfirsich, Edelbrände, Moselweine, Öle, Gewürze und Senf (www.cochemer-spezialitaeten.de).

Der beste Senf an der Mosel in zahlreichen Geschmacksrichtungen und hübschen Steintöpfen wird in der Historischen Senfmühle in Cochem (S. 150, www.senfmuehle.net) verkauft und ist als Mitbringsel fast ebenso begehrt wie der Riesling, der zwar der meistverkaufte, aber längst nicht einzige Weißwein an der Mosel ist. Es gibt noch ein paar andere Sorten, darunter den Elbling, der bereits von den Römern im Moseltal angebaut wurde.

Das perfekte Souvenir

Roter Weinbergpfirsichlikör

Hübsch sieht sie aus, die schmale Flasche mit dem roten Inhalt und dem hellen Korken, die auch in dekorativem Burgunderkörbchen und Geschenkbox aus Holz angeboten wird. Eine Likörprobe zeugt von einem Geschmack, der so aromatisch und fruchtig wie der Biss in die echte Frucht ist. Der Rote Weinbergpfirsich ist kleiner und pelziger als die Pfirsiche, die man aus der Obstabteilung im Supermarkt kennt. Die rote Frucht aus Südostasien gelangte im 2. Jh. n. Chr. nach Persien, von dort aus über die Römer nach Italien und im 16. Jh. ins Moseltal. In den dortigen Weinbergen führte sie als Obstsorte eher ein Schattendasein, bis sie vor einigen Jahren ihre Renaissance erlebte und seitdem in Brennereien an der Mosel zu Likör und Obstbrand verarbeitet wird. Als Metropole des Roten Weinbergpfirsichs gilt Cochem, die als solche im April das Weinbergpfirsich-Blütenfest und zur Ernte im September die Tage des Roten Mosel-Weinbergpfirsichs feiert.

Im milden Klima des Moseltals erhalten die Pfirsiche ihr intensives Aroma

Traubenernte auf dem Bremmer Calmont

Bei einer Steigung von 68 Grad ist die Lese auf Europas steilstem Weinberg ein Knochenjob in schwindelerregender Höhe – dafür gedeihen die Reben hier oben wie sonst nirgends an der Mosel. Kein Wunder also, dass der Calmont zu den Grand Cru-Weinlagen gehört!

Steiler geht nicht. Zumindest nicht im Weinbau. Maschinelle Ernte? Undenkbar, bei dieser Steigung. Hier wird traditionell von Hand gelesen. Was allerdings nicht nur an der Steigung liegt, sondern auch an den schroffen Schieferfelsen und den zahlreichen Mauern und der Tatsache, dass der Berg nie erschlossen wurde. Erntemaschinen können hier nicht eingesetzt werden. Die Erntehelfer müssen nicht nur schwindelfrei, sondern auch trittsicher und gut in Form sein und über Muskelkraft verfügen, denn während der schweißtreibenden Lese geht es auf dem fast schon alpinen Hang bergauf, bergab. Auf die traumhafte Aussicht ins Tal und auf die Mosel verzichten sie, denn wer sich dadurch ablenken lässt, gerät schnell in Gefahr zu rutschen. In diesem Falle gilt: Festhalten an den tief verwurzelten Reben! Die Lese dauert hier vier- bis zehnmal so lange wie in flachen Lagen.

INSPIRATION FÜR KÜNSTLER

Schon die Römer sollen auf den unteren Terrassen Wein angebaut haben. Oben, auf dem Felskopf, wurde 2005 bei Ausgrabungen ein gallorömischer Umgangstempel entdeckt, der rekonstruiert wurde. Erwähnt wurden die Reben am Calmont erstmals im 6. Jh. Venantius Fortunatus, Bischof von Poitiers, schrieb darüber in seinem Gedicht »De navigo suo«. Er bemerkte die Weinstöcke zwischen den Felsen des Steilhanges während einer Schiffsreise von Metz nach Andernach.

Auf den obersten Terrassen des Calmonts wird seit dem 17. Jh. Wein angebaut, und zwar überwiegend Riesling. Goethe beschrieb den Calmont als »Natur-Amphitheater, wo auf schmalen vorragenden Kanten der Weinstock zum allerbesten gedieh«. Der britische

Mitten in seinem Weinberg über der Moselschleife bei Bremm scheint sich Weinbauer Kilian Franzen sehr wohl zu fühlen

Landschaftsmaler William Turner verewigte den Berg im 19. Jh. auf Leinwand, und Clara Viebig (S. 34) 1928 in ihrem Roman »Die goldenen Berge«. Urkundlich erwähnt wurde der Calmont zum ersten Mal 1373.

Dass die Reben auf dem 300 m hohen Südhang so gut gedeihen, liegt daran, dass die monumentalen Steilhänge aus Schiefer das Sonnenlicht einfangen, die Hitze speichern und sie nachts wieder abstrahlen. Das sorgt für perfekte Wachstumstemperaturen. Frost hat hier übrigens keine Chance. Dank der besonderen klimatischen Bedingungen erhält der Calmont-Riesling seinen einzigartigen, aromatischen Charakter. Die Erntemengen sind gering, denn die Rebfläche, die sich 60–70 Winzer teilen, beträgt gerade mal 11 ha, was pro Hektar 35 bis 50 Hektoliter hergibt. Das macht den Calmont-Riesling etwas teurer als andere Mosel-Rieslinge, aber der Geschmack ist es wert!

Tolle Aussichten bietet der hoch über dem Fluss verlaufende Moselsteig

Viel Natur, Wasser und Ritterburgen

Freizeitparks, Erlebnisführungen, Schwimm- und Erlebnisbäder, Burgabenteuer und Dinos – die Liste der Freizeitaktivitäten für Familien mit Kindern an der Mosel ist so umfangreich, dass Langeweile garantiert nicht aufkommt!

URLAUBSKASSE

Die schönsten Aktivitäten entlang der Mosel gibt es zum Nulltarif: Radfahren, vorausgesetzt man hat die eigenen Fahrräder im Gepäck, und Wandern. Ein paar Etappen des Moselsteigs sind vom Schwierigkeitsgrad her leicht und für Familien geeignet, wie Etappe 08 Leiwen – Neumagen-Dhron, auf deren Weg ein Abenteuerspielplatz und eine Grillhütte liegen (www.moselsteig.de). Kinder wie Erwachsene lieben den märchenhaften Elfenpfad mit vielen fantasiereichen Gebilden aus krumm gewachsenen Bäumen und Wurzeln im Kautenbachtal. Der Eingang zum Tal bei Traben-Trarbach, das auch die Trarbacher Schweiz genannt wird, liegt an der Moseltherme (www.mosel-inside.de). Wer ohne Auto mit der Familie an der Mosel unterwegs ist, kann mit dem Rheinland-Pfalz-Ticket der Bahn kräftig sparen. Für einen Tag und beliebig viele Fahrten im Nahverkehr durch Rheinland-Pfalz und das Saarland zahlen zwei Erwachsene 30 Euro und können beliebig viele eigene Kinder oder Enkel unter 15 Jahren kostenfrei mitnehmen (www.bahn.de). Was während eines Moselurlaubs kräftig zu Buche schlägt, ist das Übernachten in Hotels, aber auch hier gibt es Angebote für Familien (www.familien-hotel-angebote.de). Günstiger ist der Aufenthalt in einer Ferienwohnung, denn dank Küche ist man nicht von Restaurantbesuchen abhängig, was sich positiv auf die Urlaubskasse auswirkt. Viele Vermieter staffeln ihre Preise nicht nach Saison, sondern nach der Aufenthaltsdauer. Trotzdem gilt: frühzeitig buchen, um ein gutes Angebot zu ergattern!

ÜBERNACHTEN – IM FASS ODER IM WINZIGEN MÜHLENHÄUSCHEN?

Camping hat für Kinder immer einen besonderen Reiz, vor allem wenn die Unterkünfte so ausgefallen sind wie auf dem Mosel-Campingplatz Rissbach in Traben-Trarbach. Dort kann man nämlich im Weinfass übernachten. Der hübsch eingerichtete Wohnraum in den großen Fässern bietet Platz für zwei Erwachsene und zwei Kinder, und im XL-Fass gibt es sogar Kühlschrank, Spüle, WC und Waschtisch (www.mosel-camping-platz.de). Ungewöhnlich ist auch das Übernachten in einem winzigen Mühlenhäuschen. Die Historische Mühle Vogelsang bietet mit ihren Tiny Mühlenhäuschen auf 15 qm ein Wohnerlebnis mitten in der Natur am Fuße der Ehrenburg (www.muehle-vogelsang.de). Kinder können hier fernab vom Straßenverkehr herumtollen. Für beide Unterkünfte empfohlen: frühzeitig buchen, denn die Fässer und Minihäuschen sind heiß begehrt!

Die breiten Wege sind auch für Roller gut geeignet, so kommen die Kids schneller voran

KULTUR FÜR KIDS

Museen und alte Meister? Das langweilt die meisten Kids. Die Stadt Trier hat sich deshalb für Kinder zwischen 6 und 14 Jahren etwas ganz Besonderes einfallen lassen: den lebendigen Stadtrundgang »2000 Jahre – 4000 Schrittchen«. Auf dem zweistündigen Rundgang lernen die Kids in spannenden Geschichten die römische Vergangenheit Triers und die Jahrhunderte nach der römischen Herrschaft kennen. Die Führung in Begleitung der Eltern findet von Mai bis Oktober samstags um 15 Uhr statt sowie im Juli, August und Oktober auch freitags um 15 Uhr. Treffpunkt und Tickets: Tourist-Information an der Porta Nigra (www.trier-info.de). Ihr Wissen über die Römer können die Kids im Archäologiepark Römische Villa Borg (S. 68) in Perl vertiefen.

Auf den Spuren der Römer an der Porta Nigra in Trier

FERIENSPASS DRINNEN UND DRAUSSEN

Ritterburgen stehen bei Kindern hoch im Kurs. Ganz besonders, wenn sie spannende Aktivitäten für Kids anbieten wie die Burg Ehrenburg (S. 155) in Brodenbach, die mit ihrem Event »Lebendige Burg« von Ostern bis Oktober an allen Sonn- und Feiertagen Groß und Klein auf den Spuren der Ritter wandeln lässt. Die Kids dürfen sich im Bogenschießen üben, dem Burgtöpfer, Schmied und Trogschnitzer bei der Arbeit zuschauen und mithandwerken, Fladenbrot backen, beim Weben und Filzen zuschauen und vieles mehr (www.ehrenburg.de). Kinder zwischen drei und zehn Jahren begeben sich in der Reichsburg Cochem (S. 148) bei der

»Geisterführung mit Räuberessen« auf die Spuren des Burggeistes und entdecken dabei abgelegene Winkel der Burg. Die Führung findet in den Sommer- und Herbstferien donnerstags um 15 Uhr statt. Eine Voranmeldung ist notwendig (www.reichsburg-cochem.de). Wasserratten aller Altersklassen kommen im Wellenhallenbad und Freibad des Freizeitzentrums Cochem auf ihre Kosten. Unter einer riesigen Lichtkuppel im Kinderland toben sich Kids bei Wasserspielen aus, leiten Bäche um, öffnen Dämme, gestalten Wasserlandschaften, plantschen und spritzen, während die Eltern auf der Wärmewiese oder im Whirlpool entspannen. Für die ganz Kleinen gibt es eine Babymulde. Im Hallen-Erlebnisbad warten Wasserrutsche, Wasserfall, Riesenwasserpilz und Wellengang (www.moselbad.de). Auf eine Zeitreise durch 620 Mio. Jahre entführt der Dinosaurierpark Teufelsschlucht in Ernzen (ca. 30 km nordwestlich von Trier), wo über 160 lebensechte Dino-Modelle in Originalgröße bestaunt werden können (www.dinopark-teufelsschlucht.de). Im Eifelpark in Gondorf sorgen eine Wildwasserbahn, die Sommerrodelbahn »Eifel-Coaster«, eine Achterbahn, Autoscooter, Abenteuer- und Themenspielplätze, darunter ein Klettergarten, für allerhand Spaß (www.eifelpark.de).

Leuchtende Augen

Ganz zutraulich sind die Rehe im Wild- und Freizeitpark Klotten

»Guck mal Mama, sie frisst mir aus der Hand«, ruft der kleine Jonas strahlend, als die Zwergziege sich das Gras, das er ihr entgegen hält, ins Maul schiebt. Laura, seine jüngere Schwester, streichelt das Tier am Kopf. »Die Kaninchen sind aber viel weicher«, findet sie und zieht ihre Hand zurück. In den Gehegen des Wild- und Freizeitparks Klotten (S. 150, www.klotti.de) bei Cochem, wo über 50 Wildtierarten beheimatet sind, dürfen Kinder zahme Tiere wie die Zwerg-Bergziegen, Kaninchen, Meerschweinchen und Damwild füttern und streicheln. Wilde Tiere wie Braunbären, Nasenbären, Steinböcke und Wildschweine dürfen bestaunt werden, und wenn bei den täglichen Flugvorführungen in der Falknerei Greifvögel ihr fliegerisches Können zeigen, schlagen die Herzen der jungen Besucher höher.

Die Moselliteraten

Zahlreiche Autoren haben der Mosel in Vergangenheit und Gegenwart mit ihren Büchern Denkmäler gesetzt und gezeigt, dass die Region nicht nur zu Romanen und Autobiografien inspiriert, sondern auch zu spannenden Krimis und Kinderbüchern.

»Dat is de Mosel«, sagte der Vater. »Der grün glänzende und gewundene Wasserlauf, das Flusstal, die Weinberge, die blauen Höhen der Eifel – alles war nun zu mir gekommen ...«
»Der Knabe im Brunnen«, Stefan Andres

Berühmtester Moselliterat ist wohl Stefan Andres, der in seinem autobiografischen Roman »Der Knabe im Brunnen« den Ort seiner Kindheit, Schweich, verewigt hat. Die in Trier geborene Schriftstellerin Clara Viebig (1860–1952) macht in ihrem 1928 erschienenen Roman »Die goldenen Berge«, der an der Terrassenmosel spielt, die Armut der Moselwinzer nach dem Ersten Weltkrieg zum Thema, die im Sturm auf das Bernkasteler Finanzamt gipfelte. Ihr Buch »Das Weiberdorf« spielt im fiktiven Dorf Eifelschmitt, als Vorlage diente jedoch der Ort Eisenschmitt im Landkreis Bernkastel-Wittlich. Das Erscheinen des Romans im Jahr 1900 sorgte für allerhand Aufregung, geht es im Buch doch um »Weiber« unter sich, deren Männer das Jahr über im

Gehörte um 1900 herum in jede gut sortierte Bibliothek: die Werke Clara Viebigs

Clara Viebig machte die Moselregion oft zur Kulisse ihrer Werke

Ruhrgebiet schuften. Das Dorf ist bis auf ein paar hinfällige Alte und einen Mittdreißiger, der zum Objekt der Begierde wird, mannsleer. Sittenlos und pornographisch, befand der Klerus das Werk. Trotz der harschen Kritiken erzielte Clara Viebig mit dem Roman ihren literarischen Durchbruch. Die Schriftstellerin zog 1883 nach Berlin, das Moselgebiet ist jedoch in vielen ihrer Werke Schauplatz. Eine der originellsten Erzählungen schrieb Hanns-Josef Ortheil mit »Die Moselreise. Roman eines Kindes«. Der damals elfjährige Ortheil befand sich im Sommer 1963 mit seinem Vater auf Wanderfahrt von Koblenz nach Trier und schrieb unterwegs all das auf, was er während des Tages erlebte, sah und hörte. »Die Mosel ist grünblau und grünbraun, an den Rändern aber eher grün. In der Mitte ist die Mosel wie ein dunkler, stiller Teich, fett und dunkelgrün und unheimlich«, notierte er. Täglich schrieb er eine Ansichtskarte an die zu Hause in Köln gebliebene Mutter. Die Reise-Collage mit seinen Notizen und den Texten der Ansichtskarten erschien 2010 als Buch.

STEFAN ANDRES (1906–1970)

Eigentlich wollte der in Trittenheim geborene Müllerssohn Priester werden, entschied sich 1929 aber für ein Studium der Germanistik, Kunstgeschichte und Philosophie und widmete sich ab 1933 der Schriftstellerei. Nach der Machtergreifung der Nationalsozialisten verließen er und seine Frau das Land Richtung Italien, wo sie in Positano eine neue Heimat fanden. Erst 1950 kehrten sie nach Deutschland zurück und ließen sich im rheinland-pfälzischen Unkel nieder. Hier schrieb Andres seinen autobiografischen Roman »Der Knabe im Brunnen« (1953), der als eine der schönsten Kindheitsgeschichten der deutschen Literatur gilt. Er beschreibt darin auf lebendige Weise seine Kindheit im Moseltal. In den 1950er-Jahren engagierte sich der Autor politisch, sprach sich in Essays gegen das Wettrüsten aus und setzte sich für die deutsche Wiedervereinigung ein. 1961 kehrten Andres und seine Frau nach Italien zurück.

Der Stefan-Andres-Brunnen in Schweich zeigt Szenen aus seinen Büchern

Der gebürtige Moselaner war in den 1950er- und 60er-Jahren einer der meistgelesenen Schriftsteller in Deutschland. Seine Bücher landeten regelmäßig in den Bestsellerlisten, er erhielt zahlreiche Literaturpreise und war sogar für den Nobelpreis nominiert. Einige seiner Werke, darunter »Wir sind Utopia«, wurden verfilmt. Stefan Andres starb 1970 in Rom an den Folgen eines chirurgischen Eingriffs – drei Tage nach seinem 64. Geburtstag. Die Stefan-Andres-Gesellschaft in Schweich hält das Andenken an den Autor mit Ausstellungen, Lesungen und Diskussionen wach.

MÖRDERISCHES TRIER

Langeweile kommt an der Mosel nicht auf. Zumindest nicht für Kommissar Walde, der ständig im Einsatz ist. Da kommt ein ehemaliger Mönch auf mysteriöse Weise auf den Gleisen nahe des Trierer Hauptbahnhofs ums Leben, ein weltberühmter Bariton wird tot in den Gängen des Amphitheaters gefunden, ein Promi aus der Trierer Geschäftswelt liegt ermordet auf einer Moselinsel, aus der Domschatzkammer werden wertvolle Exponate geraubt, die Tochter eines angesehenen Richters wird ermordet und aus der Mosel wird ein Toter im Plastiksack gezogen. Der Trierer Autor Mischa Martini hat mit seiner Mosel-Krimi-Reihe um Kommissar Walde, von der zwischen 1999 und 2015 14 Bücher erschienen sind, eine spannende Urlaubslektüre geschaffen. Was liegt für Krimi-Fans näher, als sich auf eine selbst zusammengestellte Tour zu den Schauplätzen der Kriminalromane zu begeben? Martinis letztes Buch ist kein Krimi, liest sich aber ebenso spannend: »Fischer Mathes und die Revolution«. Der historische Roman spielt in Trier während der Revolution von 1848.

Der Schatz der Razejungen

Die Lehmer Razejungen, deren Name sich von einem Arbeitsgerät aus dem Weinbau ableitet, gibt es tatsächlich. Sie sind eine Interessensgemeinschaft, die Kindern und Jugendlichen den Weinbau an der Terrassenmosel nahebringen, einen eigenen Weinberg betreiben, Weinbergterrassen pflegen und alte Traditionen aufrechterhalten. Der Kinder- und Jugendbuchautor Stefan Gemmel hat den Razejungen und seiner Wahlheimat Lehmen mit seinem Buch »Der Schatz der Razejungen« ein Denkmal gesetzt. Die beiden Razejungen Daniel und Johannes finden im Weinberg eine alte Feldflasche, in der eine Schatzkarte steckt. Die zwei Freunde begeben sich auf Schatzsuche und geraten dabei in ein aufregendes Abenteuer. Das

Beim Razejungen-Fest in Lehmen bringen noch heute die Jungen mit Razen auf dem Rücken den Mist auf die Weinberge

spannende Buch für Kids zwischen 10 und 12 Jahren ist nicht nur eine spannende Ferienlektüre, es verrät auch viel Wissenswertes aus dem Leben an der Mosel und über die Arbeit in den Weinbergen. Der 1970 in Morbach im Landkreis Bernkastel-Wittlich geborene Stefan Gemmel hat über 40 Kinder- und Jugendbücher verfasst und wurde mehrfach ausgezeichnet. Zuletzt erschien 2023 der neunte Teil der Abenteuergeschichte von »Im Zeichen der Zauberkugel«.

Karl Marx, Begründer des Marxismus

Der Nationalökonom, Philosoph und politische Journalist wurde zusammen mit Friedrich Engels zum einflussreichsten Theoretiker des Sozialismus und Kommunismus im 19. Jh. Als Journalist war er aktiver Streiter der Moselwinzer und auch dem guten Wein nicht abgeneigt.

Seit Marx' 200. Geburtstag steht die Statue nun am Simeonstiftplatz in Trier

Karl Marx wird am 5.5.1818 in der heutigen Brückenstraße 10 in Trier als Sohn des Anwalts und späteren Justizrats Heinrich Marx geboren. Sein Vater entstammt einer bedeutenden Rabbinerfamilie, konvertiert aber um 1820 zum Protestantismus. Als Marx ein Jahr alt ist, kauft der Vater ein Haus in der Simeongasse, heute Simeonstraße, wo Karl aufwächst. Noch als Gymnasiast am Friedrich-Wilhelm-Gymnasium verliebt sich Karl in die vier Jahre ältere Jenny von Westphalen, Schwester seines Schulfreundes Edgar. Nach dem Abitur 1835 geht Marx zum Studium der Rechtswissenschaften nach Bonn, wechselt im Jahr darauf an die heutige Humboldt-Universität in Berlin, verlobt sich zuvor aber mit Jenny von Westphalen in Trier. Das Jura-Studium lässt Karl, der sich dem Kreis der Linkshegelianer angeschlossen hat, zugunsten von Philosophie und Geschichte schleifen. Er promoviert 1841 zum Doktor der Philosophie und hofft auf eine Professur an der Universität Bonn. Diese bleibt ihm als führendem Kopf der Linkshegelianer, die die politischen und sozialen Zustände im Königreich Preußen anprangern, von der preußischen Regierung jedoch verwehrt.

KARL MARX WIRD AKTIVER STREITER DER MOSELWINZER

Der »verhinderte« Philosophie-Professor geht nach Köln, wird Journalist bei der neu gegründeten »Rheinischen Zeitung« und übernimmt im Oktober 1842 die Redaktion. Dort trifft er wenig später erstmals auf den wohlhabenden Fabrikantensohn und Journalisten Friedrich Engels, der zu einem Besuch in die Redaktion kommt. An der Mosel herrscht in den 1830er- und 40er-Jahren eine Weinbaukrise, ausgelöst durch schlechte Jahrgänge in Folge, Preisverfall, Wegbrechen von Absatzgebieten und hohe Abgaben, Steuern und Zölle. Auch die Familie Marx besitzt einen Weinberg, der im Jahr bis zu 5000 l abwirft. Als Marx eine Artikelserie über notleidende Moselwinzer schreibt, hat er sich

Geburtshaus von Karl Marx, Brückenstraße 10, Trier

seinen Anteil aus dem Weinberg längst auszahlen lassen. Es war der Wein, durch den Marx letztendlich zum Kommunisten wurde, so der Autor Jens Baumeister, der darüber das Buch »Wie der Wein Karl Marx zum Kommunisten machte« schrieb. Lange währt seine Karriere als Chefredakteur nicht, denn das Blatt wird als schwerer Angriff auf die preußische Monarchie eingestuft und 1843 eingestellt.

MARX VERLÄSST DEUTSCHLAND UND WIRD STAATENLOS

1843 heiratet Marx seine Jugendfreundin Jenny von Westphalen und geht mit ihr zusammen nach Paris, wo die erste Tochter, Jenny Caroline, im darauffolgenden Jahr zur Welt kommt. Marx wird Mitherausgeber der oppositionellen Zeitschrift »Deutsch-Französische Jahrbücher« und beschäftigt sich mit politischer Ökonomie. Friedrich Engels besucht die junge Familie

Ausstellung im Karl-Marx-Haus

für einige Tage in Paris, danach entsteht ein reger Briefwechsel zwischen den beiden, aus dem sich eine lebenslange Freundschaft entwickelt. Ihr erstes gemeinsames Werk »Die heilige Familie« entsteht 1845. Als die preußische Regierung Marx' Ausweisung aus Paris verlangt, geht er mit Frau und Kind nach Brüssel, wo wenig später die Tochter Jenny Laura geboren wird. Mit Engels, der ihm nach Brüssel folgt, gründet er den »Deutschen Arbeiter Bildungsverein«. Als er erfährt, dass die preußische Regierung auch von Belgien seine Ausweisung fordert, gibt er seine Staatsbürgerschaft auf und wird staatenlos. Marx und Engels werden 1847 Mitglieder im sozialistischen Bund der Gerechten. Marx setzt noch im selben Jahr die Umgründung zum Bund der Kommunisten durch und verfasst dessen Manifest, das als das berühmte Kommunistische Manifest in die Geschichte einging. Als die französische Februarrevolution Brüssel erreicht, wird Marx verhaftet und des Landes verwiesen. Dank der neu eingesetzten provisorischen Regierung in Frankreich kann er nach Paris zurückkehren, reist aber nach Ausbruch der Märzrevolution nach Köln und gibt die »Neue Rheinische Zeitung« heraus. Als die Regierung das Erscheinen des Blattes im Mai 1849 verbietet, kehrt die mittlerweile fünfköpfige Familie zunächst nach Paris zurück und einen Monat später ins Exil nach England, wo bis 1857 weitere vier Kinder geboren werden und vier sterben.

DIE JAHRE IM LONDONER EXIL

Die Familie hat kaum Geld und haust zunächst in einer engen und ärmlichen Unterkunft. Der wohlhabende Friedrich Engels, der die Firma seines Vaters in Manchester leitet, greift Marx finanziell immer wieder unter die Arme. Erst als Karl Marx 1852 Londoner Korrespondent der »New York Daily Tribune« wird, damals die auflagenstärkste Zeitung der Welt, geht es der Familie finanziell besser.

Als das Blatt aufgrund inneramerikanischer Angelegenheiten allen Auslandskorrespondenten 1862 kündigt und Marx keine Honorare mehr erhält, gerät die Familie in eine Notlage. Wieder ist es Engels, der die Marxens unterstützt. Marx schreibt in den kommenden Jahren an seinem monumentalen Hauptwerk »Das Kapital«, dessen erster Band 1867 erscheint. Der Staatenlose stellt 1874 einen Antrag auf die britische Staatsbürgerschaft, der jedoch abgelehnt wird. Einen »berüchtigten Agitator und Advokat kommunistischer Prinzipien, einen Mann, der gegenüber seinem eigenen König und Land nicht loyal ist« wolle man nicht als Bürger. Marx kränkelt, leidet jahrelang an einer Hautkrankheit und reist deshalb immer wieder zu Kuraufenthalten nach Karlsbad. Jenny stirbt 1881 an Krebs, Karl folgt ihr zwei Jahre später und wird neben ihr auf dem Highgate Cemetery in London beerdigt. Friedrich Engels hält die Grabrede für seinen Freund und sagt unter anderem: »Wie Darwin das Gesetz der organischen Natur, so entdeckte Marx das Entwicklungsgesetz der menschlichen Geschichte.«

Zu Marx' 200. Geburtstag wurden in Trier diese Ampelmännchen eingeführt

Moselfest – Die Mutter aller Weinfeste

Weinfeste gehören zur Mosel wie das Oktoberfest zu München. Beim Moselfest in Winningen, das als Wiege der Winzerfeste gilt, geht es zehn Tage lang rund um den Weinhexbrunnen hoch her.

Festlich eröffnet wird Deutschlands ältestes Winzerfest von der Weinkönigin und der Weinhex um 19 Uhr am Weinhexbrunnen, und zwar jährlich am Freitag vor dem letzten Samstag im August. In den neun Tagen nach der Eröffnung wartet ein kunterbunt gefülltes Programm mit viel Musik, Tanz und Wein auf die Besucher. Am Samstag findet der traditionelle Umzug der Winzer durch die Winninger Gassen und Straßen statt – ein Riesenspektakel mit den Stötzenträgern, der Winzer Tanz- und Trachtengruppe, der Winzerkapelle, dem Trommler- und Pfeiffercorps, den Winzerkindern, den Lehmer Razejungen, der Weinkönigin und der Weinhex. Am Sonntagvormittag wird die Winninger Weinkönigin gekrönt und die Weinhex proklamiert. Zu den Höhepunkten des Festes gehören das von Laiendarstellern aufgeführte Moselfestspiel auf der Freilichtbühne am Marktplatz, die Frühschoppenfahrt auf der Mosel mit

Ganz im Zeichen der Traube: Winzerumzug durch Winningen

der MS Rheingold und der Weinmarkt im Evangelischen Gemeindezentrum mit über 100 Wein- und Sektsorten. Krönender Abschluss des zehntägigen Winzerfestes ist ein Riesenfeuerwerk mit Musik und Tanz bis in die frühen Morgenstunden.

TRADITION IM HIER UND HEUTE

Das erste Winzerfest in der Moselregion wurde um 1551 als Erntedankfest der Winninger Weinbauern gefeiert und als solches dann alljährlich bis Ende des 19. Jh. zelebriert. Mit dem Ausbruch des Zweiten Weltkrieges kam das Fest zum Erliegen und fand erstmals wieder 1949 statt. Im Laufe der Jahrhunderte hat es sich zu dem großen, weithin bekannten Fest entwickelt, das es heute ist, und zieht jedes Jahr Besucher von nah und fern an. Träger und Gestalter der Feierlichkeiten war bis in die frühen 1930er-Jahre die »Compagnie«, eine Gruppe junger unverheirateter Winzer und Winzerinnen aus dem Ort. Voraussetzung für die Bildung einer Compagnie war eine erstklassige Ernte. Sobald am Ende der Weinlese ein guter Ertrag abzusehen war, trafen sich die Jungwinzer, um die Compagnie zu bilden, einen Vorstand zu wählen und die in Frage kommenden jungen Frauen anzumelden, die dann ihrerseits eine Vorsteherin ernannten. Die traditionelle Festkleidung der Compagnie bestand aus schwarzem Gehrock und Zylinder für die Jungs und aus langen weißen Kleidern und schwarzen Stiefeln für die Mädchen. Die Feierlichkeiten mit Festmahl, Tanz und Umzügen zogen sich über acht Tage im November hin. Die eigentlichen Feierlichkeiten, an denen bis zu 40 Paare teilnahmen, dienten natürlich auch der Brautschau. Die Öffentlichkeit durfte das Abholen der Mädchen durch die Jungwinzer beobachten, am gemeinsamen Umzug zum Rathaus und am Festball teilnehmen. Das zog Touristen nach Winningen, die Gast- und Weinstuben waren überfüllt. Die Compagnie wurde zu einem wichtigen Wirtschaftsfaktor für die Gemeinde und ist bis heute Besuchermagnet.

Historische Darstellung der Weinerzeugung und -verkostung

Fremde, die ihre Spuren hinterließen

Zuerst kamen die Römer, dann die Franken, später die Franzosen, und bevor Preußen das Zepter übernahm, waren die Russen auch mal kurz da – ganz zu schweigen von den Schweden und Spaniern im Dreißigjährigen Krieg.

RÖMER UND FRANKEN

Nachdem Julius Caesar im 1. Jh. v. Chr. Gallien erobert hatte, wurden die Kelten in der Moselregion weitgehend romanisiert. Die neuen Herrscher bauten Straßen, Brücken, Kelteranlagen, römische Landgüter und andere prachtvolle Gebäude. Die Römerzeit fand ihren Höhepunkt, als Kaiser Konstantin der Große Trier im frühen 4. Jh. zur Machtzentrale des Weströmischen Reiches machte. Als die römisch besetzten Gebiete 475 in die Hände der Franken fielen, entstanden zahlreiche Kirchen und Klöster. Nach dem Tod Ludwigs I. im Jahr 840 teilten seine Söhne das Fränkische Reich im Vertrag von Verdun (843) in Westfrankenreich, Mittelreich und Ostfrankenreich auf. Aus Letzterem ging im 10. Jh.

Das Neumagener Weinschiff, die letzte Ruhestätte eines Weinhändlers aus der Römerzeit

unter Kaiser Otto I. das Heilige Römische Reich hervor. Die Trierer Erzbischöfe gewannen an politischer Macht und fungierten ab 1190 als Kurfürsten.

DREISSIGJÄHRIGER KRIEG UND PFÄLZISCHER ERBFOLGEKRIEG

In dem von 1618–1648 währenden Krieg, in dem es um die Hegemonie im Heiligen Römischen Reich und in Europa ging, wurden auch viele Orte und Burgen entlang der Mosel abwechselnd von Franzosen, Spaniern und Schweden besetzt und verwüstet.

Die Truppen der Schweden zogen mordend durch die Dörfer und Städte, zerstörten und verbrannten Häuser, plünderten Kirchen und Klöster. Auch die Franzosen und Spanier töteten, raubten und zerstörten die Felder, was eine große Hungersnot zur Folge hatte. Zu allem Übel wütete um 1636 auch die Pest. Bis zum Westfälischen Frieden 1648 waren im »Trierischen Land« 300 000 Menschen Krieg, Hungersnot und Pest zum Opfer gefallen.

Liselotte von der Pfalz wurde durch ihre Schilderungen des Lebens am französischen Hofe bekannt

Nur 40 Jahre nach Kriegsende zettelte Ludwig XIV. im Namen seiner Schwägerin Elisabeth Charlotte, Prinzessin von der Pfalz, den Pfälzischen Erbfolgekrieg an. Die Liselotte genannte Heidelbergerin war von ihrem Vater, Kurfürst Karl I. Ludwig, aus politischem Kalkül mit Herzog Philipp I. von Orléans, dem Bruder des Sonnenkönigs, verheiratet worden und dadurch Herzogin von Orléans geworden. Als Liselottes Bruder, Kurfürst Karl II. von der Pfalz, kinderlos starb, erhob ihr französischer Schwager Erbansprüche auf die Pfalz. Gegen den Willen Liselottes ließ er seine Truppen in der Kurpfalz einmarschieren und brachte damit das Heilige Römische Reich, England, die Niederlande, Spanien, Savoyen und andere gegen sich auf, die sich 1689 in der Wiener Großen Allianz gegen den Sonnenkönig zusammenschlossen. Als Reaktion darauf befahl Ludwig seinen Truppen, systematisch die Pfalz und die an sie angrenzenden Gebiete zu verwüsten. Ganze Dörfer und Städte sowie der Großteil der Burgen an der Mosel wurden in dem neun Jahre dauernden Krieg zerstört.

Historische Ansicht der Stadt Trier um 1900

FRANZOSEN, PREUSSEN UND RUSSEN

Nicht einmal 100 Jahre herrschte Frieden an der Mosel, als die Französische Revolution (1789–99) ausbrach, in deren Zuge Revolutionstruppen links des Rheins einmarschierten. »Freiheit, Gleichheit und Brüderlichkeit« – der Klerus ahnte, was ihm schwante, und suchte das Weite. Clemens Wenzeslaus von Sachsen, der letzte Erzbischof und Kurfürst von Trier, floh nach Bonn. Die Franzosen beschlagnahmten 1794 alle Besitztümer des Adels, der Klöster und Kirchen und setzten die Säkularisation durch. Für manche Winzer war das die Gelegenheit, in den Besitz von Weinbergen und Weingütern zu gelangen. Frankreich annektierte 1797 das gesamte linksrheinische Deutschland. Die Moselregion wurde in Départements eingeteilt: in das Département de Rhin-et-Moselle mit Hauptort Koblenz und das Département de la Sarre mit Hauptort Trier. Es galt die französische Gesetzgebung. Da nun die Franzosen das Sagen hatten, flossen viele französische Wörter in die Umgangssprache ein. Dank Napoleons verlorenem Russlandfeldzug währte die Besatzung keine zwei Jahrzehnte. Dafür überquerten Anfang 1814 russische und preußische Truppen den Rhein bei Koblenz und übernahmen das Kommando. Im Jahr darauf ging die Region an das Königreich Preußen. Die Preußen förderten den Weinbau in der Region, was den Siegeszug des Moselrieslings zur Folge hatte, der bald zu den teuersten Weinen der Welt gehörte.

DIE MOSELREGION NACH DEN BEIDEN WELTKRIEGEN

Während der alliierten Rheinlandbesetzung (1918–30) nach dem Ersten Weltkrieg waren weite Teile des Gebiets von Trier bis Koblenz amerikanische Besatzungszone. Die Amerikaner brachten Baseball, Coca-Cola und Jazz in die Region, und trotz Fraternisierungsverbots wurden zahlreiche deutsch-amerikanische Ehen geschlossen. Sie übergaben die Besatzungszone 1923 an die Franzosen, die bis 1930 blieben. Nach dem Zweiten Weltkrieg gehörte das heutige Rheinland-Pfalz kurze Zeit zur Besatzungszone der Amerikaner, ging aber im Juli 1945 an die Franzosen über. Unter Aufsicht der französischen Militärregierung entstand 1946 das Land Rheinland-Pfalz. Erster Ministerpräsident war Wilhelm Boden (CDU), der nur wenige Wochen im Amt blieb. Ihm war ein Schriftstück zum Verhängnis geworden, das er als Politiker einer überkonfessionell christlichen Partei lieber nicht verfasst hätte: Er hatte vor den politischen Risiken der Aufnahme protestantischer Heimatvertriebener in hauptsächlich von Katholiken bewohnten Gebieten gewarnt. Nachfolger wurde Peter Altmeier.

Am Puls der Zeit

Karl-Marx-Statue in Trier

Die Statue (S. 95) war schon Monate vor ihrer Enthüllung am 5. Mai 2018 umstritten. Die einen sahen in der monumentalen Bronzefigur eine nicht angemessene Huldigung des Kommunismus, die anderen bemäkelten, dass sie ausgerechnet ein Geschenk des autoritären Chinas und dann gleich 5,5 m hoch ist und von Künstler Wu Weishan geschaffen wurde, der Mitglied in der Kommunistischen Partei ist. Man sprach von einem »vergifteten« Geschenk. Auch für den Standort am Simeonstiftplatz nahe dem Wahrzeichen Porta Nigra hagelte es Kritik. Bei dem Festakt, zu dem rund 4000 Zuschauer kamen, warnte die rheinland-pfälzische Ministerpräsidentin Malu Dreyer davor, Marx für in seinem Namen errichtete Diktaturen verantwortlich zu machen. Der Mega-Marx gehört heute zu den Touristenmagneten und beliebtesten Orten für Selfies.

Das Standbild erhitzte anfangs ziemlich die Gemüter

Bernkasteler Winzer wehren sich

Die ökonomischen Folgen des verlorenen Ersten Weltkrieges trafen besonders die Moselwinzer hart. In ihrer Wut über den lahmgelegten Weinhandel und hohe Weinsteuern stürmten 1926 ca. 2000 wütende Winzer das Finanzamt.

Etwa 2000 Winzer folgten dem Ruf zum Protest vor dem Finanzamt

»Wer sich nicht wehrt, ist entehrt«, hieß es auf dem Flugblatt der Winzermobilmachung, die zur Protestversammlung und Massenkundgebung am Finanzamt in Bernkastel am Donnerstag, den 25. Februar 1926 um 15 Uhr nachmittags aufrief.

STURM AUFS FINANZAMT

Mit Ausbruch des Ersten Weltkrieges fielen zahlreiche Hauptabnehmer für Moselweine weg. Die Wirtschaftskrise in den 1920er-Jahren, hohe Steuern für Moselwinzer, zahlreiche Missernten und Hochwasser taten das Übrige. Hinzu kam, dass seit 1923 französischer Wein den deutschen Markt überschwemmte. Die hohen Schutzzölle gegen ausländische Weinimporte waren kein Hindernis, denn der Wein kam durch das »Loch im Westen«, das von den Franzosen besetzte Rheinland. Im Jahr darauf schloss die Reichsregierung einen Handelsvertrag mit Spanien ab, der drastisch gesenkte Zolltarife für Wein zusicherte, woraufhin innerhalb eines Jahres Unmengen an spanischem Wein nach Deutschland kamen, die »das Dreieinhalbfache dessen waren, was in einem Jahr an Mosel, Saar und Ruwer« wächst. Das und die hohen Steuern brachte den Weinabsatz an der Mosel endgültig zum Stocken. Zahlreiche Winzer waren hoch verschuldet. Die Lage spitzte sich zu, als Anfang 1926 bekannt wurde, dass der Handelsvertrag mit Spanien verlängert werden sollte. Da die Beschwerden der Winzer bei den Behörden ungehört blieben, rief die Zentrumspartei (Vertreterin des politischen Katholizismus) zur Protestversammlung vor dem Finanzamt in Bernkastel auf. Am Nachmittag des 25. Februar trafen rund 2000 Winzer aus den umliegenden Dörfern in Bernkastel ein und zogen in einem Demonstrationszug zum Finanzamt, das sich damals in der Ecke Schanzstraße/Schloßweg befand. Nachdem die Winzer ihre Forderung verlesen hatten, wurde eine Deputation ins Gebäude gelassen. Während den Verhandlungen flog ein Stein durchs Fenster, woraufhin ein Tumult ausbrach. Die Demonstranten stürmten das Amt, warfen Akten und Möbel durch die Fenster, die von der Menge draußen angezündet wurden. Die ganze angesammelte Wut der vorangegangenen Jahre entlud sich. Es kam zu Verhaftungen. 29 Winzer wurden am 15. Juni wegen Landfriedensbruchs angeklagt. Zwölf wurden freigesprochen, die anderen zu Haftstrafen zwischen drei und acht Monaten verurteilt. Die Reichstagsfraktion der Zentrumspartei beantragte eine umgehende Begnadigung. Die Zeitung »Trierischer Volksfreund« berichtete am 24. Juni 1926 über ein Gnadengesuch der Moselpfarrer des Dekanats Bernkastel an den Reichskanzler und den preußischen Justizminister, in dem sie »ausdrücklich betonten, dass die unüberlegte Tat aus der Not und Verzweiflung geboren sei und dass die Verurteilten sich keineswegs gegen die staatliche Autorität haben vergehen wollen«. Die rabiaten Finanzamtstürmer wurden Mitte September 1926 begnadigt.

Die wütende Menge im Ortskern

Der Traktor als Helfer in den Weinbergen hat mittlerweile schon nostalgischen Wert

Traktorabenteuer

Ob durch die Weinberge oder quer durch die Region – origineller als mit dem Traktor kann man sich an der Mosel nicht fortbewegen. Abenteuerlust natürlich vorausgesetzt!

Seit der Traktor Anfang des 20. Jh. erfunden wurde und den Job von Ochse und Pferd übernahm, ist er als Arbeitsgerät in den Weinbergen nicht mehr wegzudenken. Mit unterschiedlichen Anbaugeräten wird er zur Bodenbearbeitung genutzt, unter anderem zum Mulchen (Bedecken des Bodens mit unverrotteten organischen Materialien), zum Laubschnitt und für Transportarbeiten. Winzer, die auf ihren Traktoren in den Gängen zwischen den Rebstöcken hinauf- und hinunterfahren, sind ein vertrauter Anblick an der Mosel. Und weil das tuckernde Gefährt fast schon ein Stück Moselromantik ist, vermieten einige Weinbauern entlang der Mosel und das Moselland-Museum in Ernst bei Cochem zwischen April und Oktober liebevoll restaurierte Oldtimer-Traktoren aus den 1960er-Jahren für Touren durch die Weinberge und die Umgebung. Im Einsatz befinden sich v.a. Fahrzeuge der Marken Fendt und Bautz. Noch nie am Steuer eines Traktors gesessen? Es ist gar nicht so schwer, das Gefährt zu lenken – schon gar nicht nach der gründlichen theoretischen und praktischen Einweisung. Entsprechende Routenvorschläge durch Weinbergswege und über Land gibt es beim Anmieten dazu.

TRAKTORFAHREN ENTSCHLEUNIGT

Das Fahren auf einem der tuckernden Kultobjekte wirkt ganz schön entschleunigend, wenn man bei 20 km/h durch die herrliche Landschaft der Weinberge fährt, der Motor gleichmäßig vor sich hin knattert und man sich dabei den Wind um die Nase wehen lässt. Vom spektakulären Blick hinunter auf die Mosel ganz zu schweigen! Wenn der immer gleiche Blick auf die Weinberge nach einer Weile zu langweilig wird, fährt man ins Tal hinunter und tuckert durch Ortschaften – von einem lieblichen Weindorf ins nächste. Das ist abwechslungsreich, denn in den Dörfern gibt es allerhand zu sehen. Wer sich selbst nicht ans Steuer setzen möchte, kann sich von einem Traktor auf einem Planwagen durch die Winninger Weinberge, Wälder und Felder ziehen lassen (www.weyh-touristik.de), durch die reizvolle Landschaft von Kobern-Gondorf (www.doetschhaupt.de), durch die Weinberge von Hatzenport und das idyllische Schrumpftal (www.brunnenhof-hatzenport.de). Oder man entscheidet sich für eine Kombination von Schiffs- und Traktor-Planwagenfahrt mit Mittagessen im Weingut und Weinausschank auf dem Planwagen (www.rhein-moselland-reisen.de).

Ein extra schmales Modell braucht man zwischen den Reben

Traktor-Vermietungen

Klein's Oldtimer Traktor Vermietung in Pellingen an der Obermosel bietet für Touren zwei Oldtimer-Traktoren (Fendt und Kramer) aus den 1960er-Jahren an, auf denen Platz für drei Personen ist. Preise und Voraussetzungen: *Tel. 065 88/70 56, www.traktor-ausflug.com*
Für Touren durch das Moseltal an der Terrassenmosel bietet das Weingut Hirschen in Cochem Oldtimer-Traktoren an. Infos: *www.weingut-hirschen.de/traktor-oldtimer-vermietung*
Die Oldtimer-Traktor-Touren sind für Kinder unter 7 Jahren nicht geeignet. *Moselland-Museum, Weingartenstr. 92, 56814 Ernst, Tel. 026 71/607 83 77, www.moselland-museum.de/traktorverleih.html*

Weinberge, grün glitzerndes Wasser und idyllische Dörfer

Perl im Dreiländereck Deutschland-Frankreich-Luxemburg eignet sich gut als Startpunkt für die Traumstraße entlang der Mosel, die mal ganz friedlich, mal durch spektakuläre Flussschleifen fließt. Ihre Ufer säumen zu beiden Seiten romantische Weinorte. Zweifelsfrei gehört die Landschaft zu den schönsten in Deutschland – und entlang des Flusses gibt es jede Menge kulinarische Genüsse zu entdecken!

Die Tour auf einen Blick:

Start: Perl **Ziel:** Koblenz
Gesamtlänge: ca. 211 km
Reine Fahrzeit: 4–5 Std. (3-Tagestour)
Orte entlang der Route: Schengen – Remich – Grevenmacher – Schweich – Neumagen-Dhron – Piesport – Bernkastel-Kues – Zeltingen-Rachtig – Traben-Trarbach – Zell – Bremm – Beilstein – Cochem – Moselkern – Brodenbach – Kobern-Gondorf

E1 VON PERL NACH GREVENMACHER

(31 km/30 Min.)

An der luxemburgischen Weinstraße findet man die Wiege des freien Europas, Orte mit mediterranem Flair und eine der besten Weinkellereien des Landes

Die Moselschleife bei Piesport im Abendlicht

Idealer Start für die Tour ist vormittags auf der Moselbrücke in Perl. Ein Schild inmitten der Brücke weist darauf hin, dass man sich nun in Luxemburg befindet. In Schengen, dem kleinen Weindorf hinter der Brücke, wurde 1985 auf einem Moselschiff das Schengener Abkommen unterzeichnet. Das Europäische Museum (S. 66) informiert über die Hintergründe. Es liegt direkt am Moselufer unweit der Brücke. Schengen ist nicht nur die »Wiege des freien Europas«, hier beginnt auch die 42 km lange luxemburgische Weinstraße. Auf der N10 geht es nun an

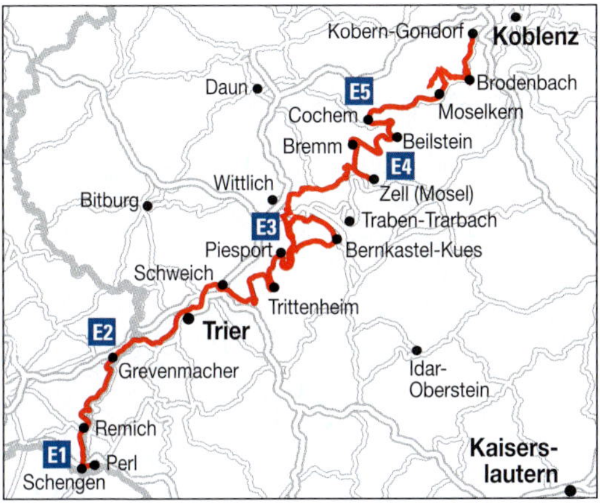

ADAC Traumstraße: Etappe 1 bis 5 (Detailplan siehe Rückseite Faltkarte)

der smaragdfarben glitzernden Mosel entlang nach Remich. Was für ein Städtchen! Auf der endlos langen »Esplanade« kommt es einem so vor, als befände man sich in Italien, so südländisch wirkt die Promenade. Das mediterrane Flair lädt zum Verweilen ein. Kein Wunder, dass der Ort den Beinamen »luxemburgische Perle der Mosel« trägt. Nach einem Spaziergang durch die engen Gassen der Altstadt am Fuß der Weinberge kann man sich auf der Terrasse eines Cafés zu einem leichten Mittagessen mit Moselblick niederlassen. Danach flaniert man herrlich auf der Esplanade entlang und begutachtet die im Hafen liegenden Jachten. Wie herrlich wäre jetzt eine Spritztour auf der Mosel! Weiter geht es auf der N10 nach Grevenmacher, wo in der Kellerei Caves Bernard-Massard (S. 72) eine Weinprobe lockt. Nach der Weinverkostung ist man nicht mehr unbedingt fahrtauglich, daher ist es ratsam, in Grevenmacher eine Übernachtung einzuplanen.

E2 AN DER MITTELMOSEL ENTLANG NACH PIESPORT (50 km/ca. 1 Std.)

Die römische Weinstraße glänzt mit steilen Weinbergen, kurvigen Moselschleifen und einer Fahrt auf dem römischen Weinschiff

Gut ausgeruht geht's am Morgen über die N10 ins 5 km entfernte Wasserbillig zur Moselfähre »Sankta Maria II«. Der Einfachheit halber hätte man auf der linken Mo-

Kurz vor Sonnenaufgang im Moseltal

selseite weiterfahren können, aber der kleine Umweg empfiehlt sich, da man dann eine Fahrt mit der weltweit ersten vollelektrischen Solarfähre für Binnengewässer machen kann. Wie viel grüner das Wasser doch glitzert, wenn man sich direkt auf dem Fluss befindet! Vom gegenüberliegenden Oberbillig führt die B419 Richtung Konz weg von der Obermosel. Dann wechselt man auf die B53 nach Schweich. In dem kleinen Winzerort könnte unter Palmen und mit Blick aufs Wasser eine Kaffeepause auf der Terrasse des maritimen Restaurants »Zum Fährturm« (S. 104) stattfinden. Kurz nach Schweich zieht die Mosel wilde Schleifen, und nach jeder Kurve scheinen die Weinberge noch abschüssiger zu werden. An der Schönheit der Landschaft kann man sich kaum satt sehen! In Neumagen-Dhron, dem ältesten Weinort Deutschlands, ist Zeit für ein Mittagessen mit Moselblick. Danach kann man zum Hafen schlendern und an Bord der Stella Noviomagi (S. 110) gehen, den hölzernen Nachbau des Neumagener Weinschiffes. Wenige Minuten später gleitet das Schiff entlang der Weinberge über die Mosel, und wieder hat man die Gelegenheit, festzustellen, dass die Landschaft vom Wasser aus noch mal so schön ist! Nach der Rundfahrt zu Wasser geht es auf der B53 ins 4 km entfernte Piesport, wo man vorher bereits mit dem Schiff vorbeigekommen ist. In der größten Weinbaugemeinde der Mosel liegt die weltberühmte Weinlage Piesporter Goldtröpfchen (S. 110). Einen Riesling aus dieser Lage möchten wir uns gern zum Abendessen genehmigen und übernachten deshalb im gleichnamigen Hotel Piesporter Goldtröpfchen.

E3 VON PIESPORT NACH TRABEN-TRARBACH (39 km/40 Min.)

Zwischen Rebgärten, die sich im Wasser spiegeln, großartigen Weinlagen und mittelalterlichen Städtchen mit prachtvollen Bauten die Vielfalt des Moseltals erleben

Das Piesporter Goldtröpfchen sorgt für einen guten Schlaf! Nach dem Frühstück nimmt man die B53 nach Bernkastel-Kues, parkt das Auto am Moselufer, erkundet die Gassen der traumhaft schönen Altstadt und marschiert hoch zur Burg Landshut (S. 120), wo sich eine grandiose Aussicht über Bernkastel-Kues bietet. Wieder unten, stärkt man sich am besten auf dem historischen Marktplatz in einem der Straßencafés bei Espresso und Eisbecher. Dann geht es weiter nach Zeltingen-Rachtig, das umgeben von Weinbergen inmitten einer großen Moselschleife liegt. Von der Rachtiger Seite aus geht der Blick wunderschön auf die steile Weinlage Zeltinger Sonnenuhr (S. 125), zwischen deren Reben eine monumentale Sonnenuhr aus dem 17. Jh. herausragt. An der Uferallee vor dem Hotel Nicolay 1881, in dem sich ein veganes Restaurant befindet, kann man parken und dort lecker zu Mittag essen. Es muss ja nicht immer Moseldeftiges sein! Danach setzt man die Fahrt entlang des mäandernden Flusses auf der B53 ins 20 Minuten entfernte Traben-Trarbach fort. Die Rebgärten reichen hier stellenweise fast bis ans Ufer und spiegeln sich im Wasser, das dadurch noch grüner aussieht. Im Doppelstädtchen Traben-Trarbach parkt man am besten im Ortsteil Trarbach und spaziert anschließend über die Moselbrücke nach Traben hinüber. Der Blick von der Brücke über die Jugendstilbauten ist einzigartig und das Brückentor ein wahrer Hingucker. Nach einem Rundgang durch den Ort führt eine steile und holprige Straße hinauf zur Burgruine Grevenburg (S. 130), von der aus man eine herrliche Sicht über Traben-Trarbach genießt, bevor die Fahrt fortgesetzt wird. Unbedingt anschauen: Europas größtes Buddha-Museum (S. 126) in Traben-Trarbach!

Blick über Weinberge und Fluss bei Bernkastel-Kues

E4 VON TRABEN-TRARBACH NACH COCHEM (51 km/1 Std.)

An der Untermosel wird das Moseltal enger, die Mosel kurviger, die Hänge sind um einiges geneigter, und über den Orten thronen imposante Burganlagen

Herbstliche Stimmung in Cochem

Nun beginnt der letzte Abschnitt der B53. In Zell begrüßt uns vom Weinberg herunter die berühmte Zeller »Schwarze Katz«. Mit rund 4 Millionen Rebstöcken ist Zell eine der größten Weinbaugemeinden an der Mosel. Wenige Fahrminuten später mündet die B49 in Alf in die B49. In der nächsten Moselschleife liegt der Bremmer Calmont (S. 142), der steilste Weinberg Europas. Einfach kann die Weinlese bei einer Hangneigung von 68 Grad nicht sein! Im verträumten Örtchen Beilstein mit gerade mal 140 Einwohnern ist ein Zwischenstopp angesagt, um die 108 Stufen zum ehemaligen Karmeliterkloster St. Joseph (S. 144) zu erklimmen. Die berühmte Treppe war mehrmals Filmkulisse. Oben belohnen wir uns in einem Café mit Kaffee und Kuchen. Entlang des nun immer kurviger werdenden Flusses fahren wir auf der B49 nach Cochem, das touristische Zentrum der Terrassenmosel. Hier ist nun Zeit, die Altstadt mit den prachtvollen Fachwerkhäusern sowie die hoch über dem Ort thronende Reichsburg (S. 148) zu erkunden und mit der Sesselbahn zum Aussichtspunkt Pinnerkreuz hinaufzufahren. Wenn man hier die Übernachtung einplant, ist eine Flasche Riesling zum Abendessen drin.

E5 VON COCHEM NACH KOBLENZ (50 km/ca. 1 Std.)

In der letzten Etappe mäandert die Mosel weniger, an den Füßen der Weinberge liegen hübsche Fachwerkdörfer und versteckt in den Wäldern alte Burgen

Auf der letzten Etappe des Road-Trips kann man ab Treis-Karden zwischen der B49 am rechten Moselufer und der B416 am linken Ufer wählen. Wir entscheiden uns, abwechselnd an beiden Ufern entlang zu fahren, denn an diesem Moselabschnitt liegen hüben und drüben imposante Burgen. Vom kleinen Winzerort Moselkern auf der linken Seite sind es nur wenige Fahrminuten hinauf zur Burg Eltz (S. 153), die Burg der Burgen, die sämtlichen Eroberungen und Kriegen entging. Man ist regelrecht überwältigt von der Schönheit der imposanten Märchenburg. Ein paar Kilometer weiter liegt ebenfalls auf der rechten Seite in Brodenbach die Ehrenburg (S. 155), die einen herrlichen Blick über den Ort und das Moseltal freigibt. Die Burg Thurant hoch über Alken lassen wir aus, denn Kobern-Gondorf glänzt gleich mit vier Burgen. Eine davon ist die Oberburg »Schloss von der Leyen«, unter der wir durchfahren. Beim Bau der B416 wurden die erdgeschossigen Teile der Burg umgebaut, sodass die Bundesstraße nun über den ehemaligen Schlosshof mitten durch das Schloss führt. Wir parken am Moselufer und machen einen Spaziergang in den Ort, wo wir am Marktplatz zu Mittag essen. Über die B416 geht es am Nachmittag weiter nach Koblenz, zum Ende unserer Traumstraße, wo die Mosel am Deutschen Eck in den Rhein mündet.

Zurück zum Ausgangspunkt: Nicht entlang der Mosel, sondern über die Autobahnen A48 und A1 geht es auf 177 km in zwei Stunden zurück nach Perl.

Hotelempfehlungen:

Wenn Sie die Tour in Tagesetappen fahren, empfehlen wir folgende Hotels:

€€ | Hotel Simon's Plaza Das Hotel außerhalb des Zentrums am Potaschberg bietet moderne Zimmer und eine hübsche Sonnenterrasse. Im Restaurant wird leichte französische Küche serviert.
7, Potaschberg, L-6776 Grevenmacher, Tel. 003 52/26 74 44, www.simons-plaza.com

€–€€ | Piesporter Goldtröpfchen Das Hotel liegt direkt unterhalb des gleichnamigen Weinbergs im Ortskern von Alt-Piesport. Von der Terrasse hat man eine schöne Sicht auf den Fluss.
Am Domhof 4–5, 54498 Piesport, Tel. 065 07/24 42, www.weingut-hain.de/weinhotel/unser-haus

€€ | Hotel Vintage Wie schläft es sich wohl in den Räumen der ehemaligen Tarnhäuser des Bundesbankbunkers Cochem? Das können Sie im Hotel Vintage ausprobieren.
Brauselaystr. 5–7, 56812 Cochem-Cond, Tel. 026 71/506 70 80, www.hotel-vintage.de

Unterwegs

Die Landschaft ist kaum zu toppen: steile, dicht bepflanzte Weinberge, so weit das Auge reicht, grün leuchtendes Wasser und zu beiden Seiten der Ufer verträumte Winzerdörfer mit hübschen Fachwerk- und Jugendstilbauten und geschichtsträchtigen Burgen.

Das will ich erleben

Die idyllische Natur, die interessante Kultur und Geschichte in der Region, und last but not least natürlich der Wein – all das macht die Mosel zu einem faszinierenden Reiseziel. Hinter jeder Flussschleife bietet die Landschaft immer wieder neue Blickwinkel. Die steilen, nicht enden wollenden Weinberge, die Ufer, die sich in dem grün leuchtenden Wasser spiegeln, die malerischen kleinen Winzerorte am Fuß der Rebgärten mit alten Fachwerk- und Jugendstilbauten und die majestätischen Burgen und Schlösser auf schroffen Felsköpfen sind ein wahrer Augenschmaus. Wer die Mosel einmal bereist hat, kommt garantiert ein zweites Mal.

Lebendige Weinszene

In den Winzerorten finden von Mai bis Oktober zahlreiche Weinfeste statt, die zu den Höhepunkten einer Moselreise gehören: auf luxemburgischer Seite an jedem Pfingstwochenende das »Wine Taste Enjoy«-Festival, in Veldenz das Wein- und Heimatfest mit der Oldtimer-Sternfahrt und in Piesport im Oktober das Römische Kelterfest.

Glanzlichter der Architektur

Die Orte an der Mosel bieten einzigartige Bauwerke wie die Porta Nigra in Trier, die hübschen Jugendstilhäuser des Berliner Architekten Bruno Möhring in Traben-Trarbach und das 2013 eröffnete Kulturgebäude Forum Confluentes in Koblenz, das mit seinem dreieckigen Grundriss Blickfang des Zentralplatzes ist.

Fantastische Ausblicke

Kaum zu toppen ist der Blick von der Reichsburg Cochem, einmalig der Panoramablick von der Seilbahn in Koblenz über den Zusammenfluss von Mosel und Rhein, und eine spektakuläre Sicht bietet sich vom Gipfel des Calmont.

Die schönsten Wanderungen auf dem Moselsteig

Die 24 Etappen des 365 km langen Moselsteigs bieten leichte bis anspruchsvolle Strecken vom Dreiländereck bis Koblenz. Ob Ganz- oder Halbtagestour, erfahrene Wanderer oder Familien mit Kindern – auf dem Fernwanderweg ist sicher für jeden die passende Strecke dabei.

Die schönsten Burgen und Schlösser

Die prächtigste Burganlage ist ohne Zweifel Burg Eltz auf einem 70 m hohen Felskopf in einem Nebental der Mosel. Schloss Liebieg in Gondorf mit Türmchen, Erkern, Brunnen und Balustraden liegt direkt am Fluss und hat eine interessante Geschichte aufzuweisen, und Schloss Veldenz war einst die größte aller Burgen an der Mittelmosel.

Kunstgenuss

Traben-Trarbach hat das größte Buddha-Museum Europas. Das Edelstein-Museum in Cochem zeigt den Weg vom unscheinbaren Rohstein zum funkelnden Juwel. Im Mittelrhein-Museum hängen alte Meister neben moderner Kunst.

Geschichte hautnah

An der Mosel begegnet man Geschichte auf Schritt und Tritt. Nur Rom selbst hat mehr römische Schätze als Trier. In Perl im Dreiländereck zeigt die Villa Borg, wie gut situierte Römer anno dazumal lebten, und der Bundesbank-Bunker in Cochem ist ein Relikt aus der Zeit des Kalten Krieges, der von den Ängsten des Staates zeugt.

Die schönsten Ausflüge auf dem Fluss

Antike Schifffahrt in Neumagen-Dhron, auf dem Sonnendeck eines Ausflugsschiffes von Traben-Trarbach nach Bernkastel-Kues oder doch lieber eine Kanutour auf der Wasserwanderroute der Mosel? Die Weinberge zu beiden Seiten sieht man vom Wasser aus umso besser!

Spiel, Spaß, Abenteuer

Kindern wird es an der Mosel garantiert nicht langweilig. Dafür sorgen Burgen, Freizeitparks mit Wildwasserbahnen wie in Klotten/Cochem und der Kletterwald in Traben-Trarbach mit einem Waldseilgarten für Groß und Klein, einer Seilrutsche und einem Spiele-Parcours.

Radeln an der Mosel

Über 1000 Kilometer Moselradwege laden dazu ein, sich auf den Sattel zu schwingen! Gelegenheitsradler und Kinder schaffen den kurzen Salm-Radweg ohne Mühe, Freizeitradler erfreuen sich an der 58 km langen Hunsrück-Mosel-Strecke, und Hartgesottene bezwingen 275 km Mosel-Radweg von Koblenz nach Thionville.

Die besten Shopping-Meilen

Koblenz und Trier laden mit Fußgängerzonen und Altstadtgassen voller individueller kleiner Läden geradezu zu einem Einkaufsbummel ein. Aber auch Winzerorte wie Traben-Trarbach glänzen mit hübschen Boutiquen und schmucken Weinhandlungen in verwinkelten Gassen.

Obermosel – Antike Römerbauten und alte Klöster

Die Mosel fungiert auf rund 35 Kilometern als Grenzfluss und wird deshalb auch deutsch-luxemburgische Mosel genannt

Das Tal der Obermosel ist landschaftlich etwas anders geprägt als das von Mittel- und Untermosel, vor allem sind die Weinberge noch nicht so steil. Römische Funde finden sich hier aber fast ebenso zahlreich wie an den anderen beiden Moselabschnitten.

Im kleinen luxemburgischen Winzerort Schengen wurde im Juni 1985 auf einem Moselschiff Geschichte geschrieben. Ein Abstecher auf die andere Seite der Mosel lohnt sich auf jeden Fall, denn hier gibt es einiges zu entdecken. In Konz treffen sich Mosel und Saar, und einen Blick auf das Naturwunder der Saarschleife sollte man sich keinesfalls entgehen lassen. Ein weiteres Highlight jenseits der Grenze ist Echternach, die älteste Stadt Luxemburgs – sie liegt nicht an der Mosel, sondern an der Sauer, einem Nebenfluss, und nur 34 Autominuten von Konz entfernt.

In diesem Kapitel:

ADAC Top Tipps:

1 **Musée Européen Schengen**
| Museum |
Die kleine Dauerausstellung im Europäischen Museum Schengen informiert über die große Geschichte, die im Ort geschrieben wurde: die Hintergründe des Schengener Abkommens und die Entwicklung der europäischen Einigung. ... 66

2 **Archäologiepark Römische Villa Borg, Perl**
| Freilichtmuseum |
Wie die gut betuchten Römer aus der Oberschicht an der Mosel einst lebten? Der originalgetreue Nachbau einer luxuriösen Villa mitsamt Nebengebäuden, Badeanlagen und Gärten verrät es! ... 68

ADAC Empfehlungen:

1 Domaine Claude Bentz, Remich

| Kellerei |

Der luxemburgische Hoflieferant in Remich punktet nicht nur mit edlen Weinen, sondern auch mit einem außergewöhnlichen Skulpturengarten auf dem Weingut. 70

2 Schmetterlingsgarten Grevenmacher

| Garten |

In dem tropischen Garten in einem über 600 m² großen Gewächshaus flattern Hunderte exotische Schmetterlinge umher – die Temperatur liegt bei angenehmen 28 °C! 73

3 Erlebniszentrum Villeroy & Boch, Mettlach

| Museum |

In der ehemaligen Benediktinerabtei auf Zeitreise gehen und dabei keramischen Schätzen aus verschiedenen Epochen begegnen. 81

4 Baumwipfelpfad Saarschleife, Mettlach

| Aussichtsturm |

Spektakulärer Blick aus 23 m Höhe auf das Naturwunder Saarschleife und bei klarem Wetter bis zu den Vogesen. 82

5 Echternacher Springprozession

| Prozession |

Die einzigartige Prozession am Pfingstdienstag wurde 2010 von der UNESCO als »Immaterielles Kulturerbe der Menschheit« ausgezeichnet. 85

1 Schengen

Hier wurde große Geschichte geschrieben: die Wiege des freien Europas

Information

■ Touristeninformation, 6, rue Robert Goebbels, L-5444 Schengen, Tel. 00352/ 23665810 21, www.visitschengen.lu, Nov.–März tgl. 10–17, April–Okt. tgl. 10–18 Uhr

Das 500-Einwohner-Dorf im Dreiländereck von Deutschland, Luxemburg und Frankreich, das den Anfang der Luxemburger Weinstraße markiert, schrieb am 14. Juni 1985 Weltgeschichte. An jenem Tag trafen sich an Bord der 2. »MS Princesse Marie-Astrid« die Staatssekretäre Deutschlands, Frankreichs und der Benelux-Staaten und schufen bei einem Glas Moselwein die Grenzen innerhalb der Europäischen Union ab. In Erinnerung an dieses Ereignis wurde 25 Jahre später, im Juni 2010, das Centre Européen eröffnet, mit Europäischem Museum und der Informationsstelle Europe Direct. Der Gebäudekomplex, der idyllisch am Moselufer liegt, ist die Hauptattraktion des winzigen Ortes. Auf der Place des Étoiles (Sternenplatz) vor dem Musée Européen stehen die drei Colonnes des Nations. Die Sterne auf den Säulen symbolisieren die Mitgliedstaaten des Schengen-Raums – aus den ersten fünf sind mittlerweile 26 »Schengen-Staaten« geworden. Nicht weit davon entfernt stehen am Ufer zwei 3,60 m hohe Stücke aus der Berliner Mauer als Symbol für die Öffnung der Grenzen in Europa. Auf einem der beiden Mauerstücke prangt das gemalte Konterfei Gorbatschows.

Sehenswert in dem kleinen Obermoselort ist auch das Schloss Schengen, allerdings nur von außen, denn es ist in Privatbesitz und kann nicht besichtigt werden.

ADAC Mobil

Bahn statt Auto

Auch ohne Auto ist Schengen relativ einfach zu erreichen: mit dem Regionalexpress von Trier nach Perl (40 Min.), dann zu Fuß über die Brücke, die einen Steinwurf vom Bahnhof entfernt liegt. Am Ende der Brücke kommt das Museum am Moselufer auch schon in Sicht.

Sehenswert

Musée Européen Schengen

| Museum |

1 *Hier erfährt man, wie die Europäische Union entstanden ist*

Das interaktive Museum zeigt die Entwicklung Europas und viel Wissenswertes rund um das Schengener Abkommen. In einem Schaukasten ist das unterschriebene und mit rotem Wachs besiegelte Schengener Abkommen vom Juni 1985 ausgestellt. In Wort und Bild führt die Dauerausstellung den Besuchern vor Augen, welche Erleichterung die freien Grenzen für den Alltag der Menschen schufen – ganz besonders für die im Dreiländereck von Deutschland, Luxemburg und Frankreich. Über die wechselvolle Geschichte der Grenzen in Europa informiert eine interaktive Karte, und an einem Monitor kann man in einem Quiz sein Wissen über Schengen testen – zur Auswahl stehen jeweils drei Fragen. Auch für Kinder ist der Museumsbe-

such dank eines Passautomaten alles andere als langweilig. An einem Bildschirm können die Kleinen ihren eigenen Schengen-Pass samt Foto erstellen, der hinterher mit diversen Einreisestempeln versehen aus dem Drucker springt.
Dem Museum angeschlossen ist die Informationsstelle Europe Direct mit Dokumentationen in mehreren Sprachen über die Aktivitäten der Europäischen Union. Das Schiff, auf dem das Übereinkommen seinerzeit unterzeichnet wurde, gibt es längst nicht mehr – mittlerweile ist das fünfte Fahrgastschiff mit dem Namen »Princesse Marie-Astrid« unter luxemburgischer Flagge zwischen Schengen und Trier im Einsatz.

■ 6, rue Robert Goebbels, L-5444 Schengen, Tel. 00352/26665810, www.visitschengen.lu, tgl. 10–18, Ende Okt. bis Ostern tgl. 10–17 Uhr, Eintritt frei

Schloss Schengen

| Schloss und Park |

Das Schloss stammt aus dem Jahr 1812 und geht auf eine Wasserburg aus dem 13. Jh. zurück. Von dieser ist noch einer der massiven Rundtürme erhalten, den der berühmteste Gast des Schlosses, der französische Schriftsteller Victor Hugo, der dort 1871 weilte, zeichnete. Seine Zeichnung ziert noch heute Etiketten der Château-de-Schengen-Weine. Nach zahlreichen Besitzerwechseln erwarb der katholische Frauenorden »Kongregation der Schwestern von der heiligen Elisabeth« das Schloss 1939 und nutzte es als Ferienzentrum. Von 2010 bis 2014 war das einem Herrenhaus ähnliche Gebäude im Besitz einer luxemburgischen Hotelkette, die es 2016 für elf Millionen Euro an ein Unternehmen

Im Blickpunkt

Schengener Abkommen

Im Juni 1985 trafen sich in Schengen die Staatssekretäre Robert Goebbels (Luxemburg), nach dem heute eine Straße in Schengen benannt ist, Wim van Eekelen (Niederlande), Paul De Keersmaeker (Belgien), Catherine Lalumière (Frankreich) sowie Waldemar Schreckenberger (Deutschland) und unterzeichneten das erste Schengener Abkommen, dessen Kernsatz lautet: »Die Binnengrenzen dürfen an jeder Stelle ohne Personenkontrollen überschritten werden.« Später traten noch Dänemark, Finnland, Griechenland, Italien, Österreich, Portugal und Schweden bei. Durch Kooperationsabkommen wurden die Nicht-EU-Länder Island, Norwegen, Liechtenstein und die Schweiz ebenfalls Mitglieder des Abkommens. Heute gehören dem Schengener Abkommen insgesamt 26 Staaten an. Im Juni 1990 wurde das Schengener Durchführungsabkommen unterschrieben, das die konkrete gesetzliche Umsetzung wie folgt festlegt:
Einheitliches Schengen-Visum für die Einreise und den kurzfristigen Aufenthalt von Ausländern im Schengen-Raum.
Bestimmung des für einen Asylantrag zuständigen Mitgliedstaates.
Maßnahmen gegen grenzüberschreitenden Drogenhandel.
Polizeiliche Zusammenarbeit sowie Zusammenarbeit der Schengen-Staaten im Justizwesen.

verkaufte, das auf die Vermietung von Büros und Konferenzräumen spezialisiert ist. Für die Öffentlichkeit ist lediglich der Barockgarten frei zugänglich, der Teil des Dreiländereck-Projektes »Gärten ohne Grenzen« ist.

■ 2, beim Schlass, L-5444 Schengen

ADAC Spartipp

Die kleine Luxembourg Card garantiert nicht nur freien Eintritt zu fast 80 Museen und touristischen Attraktionen in ganz Luxemburg, sondern auch die kostenlose Nutzung der gesamten öffentlichen Verkehrsmittel im Land.
Die Karte kostet für 1 Tag 13 € (Familien 28 €), 2 Tage 20 € (Fam. 48 €), 3 Tage 28 € (Fam. 68 €), 10 % erm. für Senioren über 60 J.
www.visitluxembourg.com

2 Perl

Nun geht es auf Zeitreise in die Welt der Römer

Information

■ Touristeninformation, Rathaus, Trierer Str. 32, 66706 Perl, Tel. 068 67/ 661 01, Mo–Fr 9–12 Uhr, www.perl-saar schleifenland.de

Das kleine Städtchen gegenüber von Schengen ist der erste deutsche Ort, durch den die Mosel fließt, und durch eine Brücke mit Luxemburg verbunden. Perl und seine 14 Ortsteile gehören zu den ältesten Siedlungsgebieten des Saarlandes, wovon zahlreiche Erdwallburgen und Grabfelder aus der Bronze- und Eisenzeit zeugen. In und um Perl gibt es diverse Funde aus der Römerzeit. Archäologen stießen im Ortsteil Borg auf die Fundamente eines römischen Gutshofes mit Haupthaus und Nebengebäuden, die originalgetreu wieder aufgebaut wurden und im Archäologiepark Römische Villa Borg bestaunt werden können.
Im 8 km entfernten Ortsteil Nennig bauten die Römer im 2. Jh. n. Chr. eine prunkvolle Villa, von der bei Ausgrabungen aber einzig ein fast unversehrter Mosaikfußboden gefunden wurde.

Sehenswert

Archäologiepark Römische Villa Borg

| Freilichtmuseum |

2 *So lebten die Römer – mitten in Deutschland!*

Bereits vor über 100 Jahren deuteten archäologische Funde auf eine Villa rustica, ein Landgut aus der Römerzeit, hin. Planmäßige Ausgrabungen begannen aber erst 1987, und bis die Auswertung der Grabungsfunde vorlag, sollten noch einmal ein paar Jahre mehr vergehen. 1994 wurde der Beschluss gefasst, die Anlage auf den römischen Fundamenten anhand der Grabungsergebnisse originalgetreu wieder aufzubauen.
Das Anwesen besteht aus einem imposanten Herrenhaus mit einer großen Empfangshalle und musealer Einrichtung, Museumsräumen, in denen Originalfundstücke ausgestellt sind, prächtigen Bädern, einem Innenhof, Wirtschaftsgebäuden mit römischer Küche und Taverne. In der Mitte der Anlage befindet sich ein Garten nach römischem Muster, der Teil des Projekts »Gärten ohne Grenzen« ist. Das Landgut vermittelt anschaulich, wie

Die Villa Borg war einst ein Landsitz gut betuchter römischer Bürger

wohlhabende Römer einst an der Mosel lebten. Da dort seit 2010 mit Unterbrechungen gegraben wird, ändert sich das Erscheinungsbild kontinuierlich. Von 17 Nebengebäuden wurden bis dato zwei ausgegraben.

■ Im Meeswald 1, 66706 Perl-Borg, Tel. 068 65/911 70, www.villa-borg.de, April–Okt. Di–So 10–18, Feb., März, Nov. Di–So 11–16, Dez./Jan. geschl., Erw. 6 €, Kinder bis 14 J. 2 €, Fam. 12 €

Gefällt Ihnen das?

Dann schauen Sie sich auch die monumentale **Römervilla Echternach** an (S. 84). Es sind zwar nur noch Fundament, Keller und Zierbecken vorhanden, aber im Besucherzentrum wird mit rekonstruierten Modellen und lebensgroßen Figuren der Alltag im 1.–5. Jh. n. Chr. detailgenau veranschaulicht.

Mosaik in der Römischen Villa Nennig

| Museum |

Mit einer Größe von 160 m² zählt der prachtvolle Mosaikboden zu den bedeutendsten archäologischen Funden an der Mosel. Die erste Fliese wurde 1852 durch Zufall von einem Landwirt entdeckt. Die Fundstelle wurde zwei Jahre später durch einen Schutzbau gesichert. Auf den Mosaiken sind Szenen aus dem römischen Amphitheater dargestellt, darunter ein Gladiatorenkampf. Man nimmt an, dass der fast unversehrte Mosaikboden im 2./3. Jh. n. Chr. die Empfangshalle einer großen römischen Villa schmückte. Heute ist der restaurierte Steinteppich Mittelpunkt der rekonstruierten Prachtvilla.

■ Römerstr. 11, 66706 Perl-Nennig, www.roemischevillanennig.de, Tel. 068 66/13 29, April–Okt. tgl. 10–18, Nov., Feb.–März tgl. 11–16 Uhr., Erw. 3 €, Kinder bis 18 J. frei

Restaurants

€–€€ | Taverne Römische Villa Borg
Hier speist man wie die Römer, es gibt Tisanam, Moretum und Lucanicate et Fabaciae Verides. Das eine ist eine deftige Gerstengraupensuppe, das andere ein Brotaufstrich und das Dritte eine lukanische Wurst mit dicken grünen Bohnen. ■ Adresse und Öffnungszeiten wie Archäologiepark

3 Remich

Mediterranes Flair am westlichen Moselufer

Information

■ Touristeninformation, Centre visit Remich, 1, route du Vin, L-5549 Remich, Tel. 00352/27075416, tgl. 10–17 Uhr

Das kleine luxemburgische Städtchen, das mit Nennig durch eine Brücke verbunden ist, glänzt mit der 3 km langen, baumbestandenen Promenade »Esplanade« entlang der Mosel, die dem Ort einen südlichen Touch verleiht und zum Verweilen einlädt. Attraktion der Promenade ist der Bacchusbrunnen des luxemburgischen Künstlers Will Lofy. Der in Bronze gegossene römische Weingott, der auf einem Weinfass inmitten des Brunnens sitzt, dreht sich durch den Wasserdruck der Pumpe um die eigene Achse. Die Altstadt besticht mit engen, teils steilen Gassen und hübschen Gebäuden aus verschiedenen Epochen. Mit Burgen, Schlössern und Museen kann Remich nicht aufwarten, aber die malerische Lage am Fuß der Weinberge macht das Städtchen absolut sehenswert.

Sehenswert

Domaine Claude Bentz
| Weinkellerei |

1 *Gelungene Kombination aus Wein- und Kunstgenuss*

Die Kellerei ist ein Highlight des Ortes. Nicht nur aufgrund ihrer guten Weine, die sie zum luxemburgischen Hoflieferanten katapultiert haben, sondern wegen des außergewöhnlichen Skulpturengartens auf dem Weingut, der einem Märchengarten gleicht.
■ 36, Route de Mondorf, L-5552 Remich, Tel. 00352/23699216, www.bentz.lu

ADAC Mittendrin

Jährlich am Pfingstwochenende öffnen die Winzer an der luxemburgischen Mosel unter dem Motto »Wine Taste Enjoy« ihre Weinkeller, Gärten, Terrassen und Höfe für die Öffentlichkeit und schenken luxemburgische Moselweine vom Feinsten aus. Es wird verkostet und geschlemmt, was das Zeug hält. Das Auto kann getrost stehen bleiben, denn ein Shuttle fährt die Besucher zwischen den teilnehmenden Winzern und den einzelnen Weinorten hin und her.
www.visitmoselle.lu/de/wein-terroir/wine-taste-enjoy

Mondorf-les-Bains
| Kurort |
Der kleine Ort, der 8 km südwestlich von Remich liegt, ist Standort des einzigen Spielcasinos und des einzigen Thermalbads des Großherzogtums. Die erste Thermalquelle wurde 1846 entdeckt. Dort, wo das heutige Thermal-

bad liegt, stand früher das Palace Hotel, das die Amerikaner zum Ende des Zweiten Weltkrieges als Gefangenenlager »Camp Ashcan« nutzten. Zwischen Mai und September 1945 saßen dort unter anderem namhafte Mitglieder der NS-Regierung wie Göring, Ribbentrop und Streicher ein, bevor sie nach Nürnberg vor das Kriegsverbrechertribunal gebracht wurden. Das Hotel wurde 1988 abgerissen.

Ein absolutes Highlight ist der 42 ha große, mehr als 160 Jahre alte Park um das Thermalbad mit prächtigen Blumenanlagen, duftenden Rosengärten, einer schmalen Wasserstraße und hohen, alten Bäumen. Über das Gelände verteilt stehen Skulpturen Luxemburger Künstler. Seit 2012 beherbergt der Park das erste Luftfahrtmuseum Luxemburgs mit einer Ausstellung von kleineren Flugzeugen (www.fligermusee.lu).

■ Der Park ist ganzjährig geöffnet und frei zugänglich. Eingang beim Thermalbad in der Avenue des Bains, www.mondorf.lu

Restaurants

€–€€ | Brasserie Chalet am Brill Ausgewogene Küche mit frischen und saisonalen Produkten in schönem Ambiente, auch vegetarisch und auf Wunsch vegan. ■ 124, avenue Marie-Adélaide, L-5635 Mondorf-les-Bains, Tel. 00352/23666545, www.mondorf.lu, Mi–So mittags und abends geöffnet

4 Grevenmacher

Hauptstadt der Mosel auf luxemburgischer Seite

Information

■ Touristeninformation, 10, rue du Vin, L-6794 Grevenmacher, Tel. 00352/758275, www.visitmaacher.lu, Juni–Aug. Mo–Fr 8–17, Sa 10–15, sonst Mo–Fr 8–12 und 13–17 Uhr

Die kleine Moselmetropole mit nur knapp 5000 Einwohnern bezirzt Besucher mit kleinen, schmalen Gässchen,

Der kleine Ort Grevenmacher liegt unmittelbar an der Mosel.

Im Blickpunkt

Rundwanderroute Grevenmacher

Der leicht zu bewältigende Rundweg durch die idyllische Flusslandschaft ist etwa 8 km lang. Er führt zunächst zu den nahen Weinbergen. Dann geht es an der Mosel entlang zum Kelsbaach-Tal. Hier steigt man ein Stück empor auf eine Anhöhe. Die Aussicht auf die mäandernde Mosel ist wunderschön. Weiter geht es nun am Fluss entlang. Ein Stück hinter der Kreuzkapelle geht es ein paar Stufen den Kreuzweg hinab und zurück zum Ausgangspunkt. *10, route du Vin, L-6794 Grevenmacher. Details finden Sie auf www.visitluxembourg.com*

einer Promenade entlang der Mosel, dem Ausflugsschiff »MS Princesse Marie-Astrid« und den Caves Bernard-Massard, der größten privat geführten Kellerei im Großherzogtum.

Berühmtester Sohn der Stadt ist der Maler Frantz Seimetz (1858–1934), der 1887 von der Mosel in die Welt hinauszog und fünf Monate lang mit einem Hausboot den Mississippi hinunterschipperte. Als er nach mehreren Jahren USA in seine Heimat zurückkehrte, ließ er sich in Echternach nieder. Er war der erste Luxemburger Maler, der zu seinen Lebzeiten von seinen Werken leben konnte. Sein Geburtshaus in der Grand Rue 21 steht unter Denkmalschutz – besichtigen kann man es allerdings nur von außen. Das Druckereimuseum im Maacher Kulturhuef informiert über die Geschichte des Buchdrucks, und im Schmetterlingsgarten lernt man so allerhand über exotische Falter. Eine Brücke verbindet die Stadt mit dem deutschen Moselufer.

Sehenswert

Caves Bernard-Massard

| Kellerei |

Mit Leidenschaft arbeitet der 1921 gegründete Familienbetrieb Tag für Tag daran, qualitativ gute Weine herzustellen und mit diesen Gaumenfreuden zu bereiten. Nicht ohne Grund zählt das Weingut zu den besten Weißweinherstellern des Landes. Die Weine des Betriebs sind als »Grands Premiers Crus« klassifiziert, der Sekt wird in traditioneller Flaschengärung hergestellt. Jährlich werden 3,9 Mio. Flaschen Sekt und Wein abgefüllt. Partner-Weingüter sind Château de Schengen und Clos des Rochers. Bernard Massard bietet Rundgänge mit audiovisueller Vorführung und Verkostung in der Kellerei an. Kinder dürfen auch kosten – allerdings Traubensaft.

■ 22, Route du Vin, Grevenmacher, Tel. 00352/75 05 45-228, www.bernard-massard.lu, Besichtigungen und Weinproben von April–Okt. Mi–So 10–18 Uhr. Führung mit Verkostung 7 € (1 Glas), 9 € (2 Gläser), 11 € (3 Gläser), Führungen können online gebucht werden

Maacher Kulturhuef

| Kulturzentrum |

Druckereimuseum, Kino, Workshops für Groß und Klein – eine alte Schlachterei wurde Mitte der 1990er-Jahre in ein Kulturzentrum umgewandelt und im Jahr 2000 feierlich eröffnet. Auf zwei Etagen ist das Luxemburger Druck- und Spielkartenmuseum untergebracht, das in der Daueraus-

stellung »Gutenberg Revisited« über die Geschichte des Buchdrucks vom 3. Jt. v. Chr. bis ins 21. Jh. informiert. In Luxemburg selbst begann die Buchdruckgeschichte 1598. Besucher dürfen sich im Hochdruck versuchen und ihr eigenes Souvenir selbst drucken. Im Spielkartenmuseum liegt der Schwerpunkt auf den Karten des Grevenmacher Spielkartenherstellers Jean Dieudonné im 18. und 19. Jh.
■ 54, Route de Trèves, Grevenmacher, Tel. 00352/2674641, www.kulturhuef.lu, Di–So 14–18 Uhr, Eintritt frei

Schmetterlingsgarten (Jardin des Papillons)

| Gewächshaus |

2 *Exotische Tierwelt ganz nah erleben*

Neben Hunderten von farbenprächtigen Schmetterlingen aus aller Welt beherbergt der blühende tropische Garten des über 600 m² großen Gewächshauses Chamäleons, chinesische Zwergwachteln, Schildkröten, Geckos, diverse Vogelarten und unter einem Glaskasten ein Bienenvolk. Vom Ei über die Raupe bis zur Puppe lassen sich hier sämtliche Entwicklungsstadien des Schmetterlings entdecken. Die Temperatur liegt bei 28 °C, bei allerdings 70 % Luftfeuchtigkeit. Erfrischungen gibt es im Bistro im Eingangsbereich.
■ 66, Route de Trèves, L-6793 Grevenmacher, Tel. 00352/758539, www.papillons.lu, April–Okt. tgl. 9–17 Uhr, Erw. 9,50 € (Sa, So 10,50 €), Kinder 5 € (Sa, So 7,50 €)

Restaurants

€€–€€€ | Restaurant Savory Luxemburgisch schlemmen in einzigartigem Ambiente mit Blick auf die Mosel. Dienstag bis Freitag wird von 12 bis 14 Uhr ein günstiges Mittagsmenü (€) angeboten. ■ Route du Vin 10, Grevenmacher, Tel. 00352/26745448, www.savory.lu, Di–Fr 12–14, 19–22, Sa 19–22, So 12–14 Uhr

Kinder

Die Unterwasserwelt der Flüsse und Meere Im Aquarium in dem kleinen Grenzstädtchen Wasserbillig sind nicht nur Moselfische zu Hause, sondern auch Piranhas und Mini-Haie. In 15 unterschiedlichen Becken mit bis zu 40 000 l Volumen gibt es in den bepflanzten und felsigen Unterwasserlandschaften allerhand zu bestaunen.
■ Rue de Pépinères/Promenade de la Sûre, L-6645 Wasserbillig, Tel. 00352/26740237, aquarium.wasserbillig.lu, Ostern–30. Sept. tgl. 10–18, Okt.–Ostern Fr–So 10–17 Uhr, Dez./Jan. geschl., Erw. 3 €, Kinder 1,50 €

5 Igel

Größtes römisches Pfeilergrab nördlich der Alpen

Information

■ Deutsch-Luxemburgische Touristeninformation, Moselstr. 1, 54308 Langsur-Wasserbilligerbrück, Tel. 06501/602666, www.lux-trier.info, April–Okt. Mo–Fr 9–17, Sa 10–14, Nov.–März Mo–Fr 11–16 Uhr

Es ist die Igeler Säule, die Besucher in das Dorf westlich von Trier zieht. Die 23 m hohe Säule aus rotem Sandstein wurde um 250 n. Chr. von Lucius Secundinius Aventinus aus der Familie der wohlhabenden Secundinier als Grabmal in Auftrag gegeben. Auf dem reich verzierten Monument sind Familienmitglieder dargestellt sowie Szenen aus dem Alltagsleben der Tuchhändler. Die Spitze ziert die nicht mehr sehr gut erkennbare Skulptur eines Adlers mit ausgebreiteten Flügeln. Dass es die Säule noch gibt, ist einzig einem Irrtum zu verdanken. Im Mittelalter dachte man, die abgebildete Familienszene auf dem Grabmal würde die Vermählung der Eltern Konstantins des Großen darstellen. Der Kaiser galt als Förderer des christlichen Glaubens, seine Mutter Helena wurde schon zu Lebzeiten als Heilige verehrt. Das rettete die Säule vor der Zerstörung nach dem Verfall des Römischen Reiches. Seit 1986 ist sie UNESCO-Welterbe.

■ Das monumentale Grabmal steht in der Trierer Straße 61A.

Gefällt Ihnen das?

Dann besuchen Sie auch das **Rheinische Landesmuseum Trier** (S. 99). Dort können Sie die farbige Rekonstruktion der Säule und jede Menge archäologische Schätze aus der Römerzeit bestaunen.

Sehenswert

Römisches Grutenhäuschen
| Bauwerk |
Inmitten der Weinberge bei Igel-Liersberg lugt ein kleiner römischer Grabtempel zwischen den Reben hervor. Der Giebel des zweistöckigen Tempels wird von sechs weißen Säulen getragen. Der Unterbau besteht aus einem Gruftgewölbe, das einst für Sarkophage bestimmt war. Daher der Name »Grut«, der Grotte bedeutet. Das obere Geschoss besteht aus einem fast quadratischen Raum, den die Römer als Versammlungsstätte für Totengedenken nutzten. Der Tempel wurde auf den Resten einer römischen Grabkammer aus dem 3./4. Jh. n. Chr. teilrekonstruiert und wird heute gerne für standesamtliche Trauungen und Feste genutzt.

■ Das Grutenhäuschen liegt in den Weinbergen des Weingutes Löwener Mühle und ist frei zugänglich.

Einkaufen

Vinofactur Löwener Mühle Im Hofladen gibt es leckere Weine des Winzerhofes Löwener Mühle, der inmitten von Weinbergen liegt. Außerdem im Angebot sind ausgesuchte regional hergestellte Leckereien ■ Löwener Mühle 2, 54298 Igel, Tel. 06501/80 22 222, www.leckerwein.de, Mo–Fr 9–19.30, Sa 9–18 Uhr

6 Konz

Sommerresidenz von Kaiser Valentinian I.

Information

■ Touristeninformation, Saarstr.1, 54329 Konz, Tel. 06501/6018040, www.saar-obermosel.de, Mo–Fr 9–17, Sa 10–14 Uhr

Contionacum hieß die Stadt am Zusammenfluss von Mosel und Saar zu Römerzeiten. Später wurde das lateinische Wort kurz Konz abgekürzt. Im 4. Jh. n. Chr. wählte Kaiser Valentinian I. (321–375) den Ort als Sommerresidenz und ließ sich auf einer Anhöhe eine Villa mit Blick auf die Saar errichten. Davon sind heute nur noch Ruinen übrig. Hauptattraktion in Konz ist das Freilichtmuseum Roscheider Hof, eines der größten deutschen Volkskundemuseen, das auf über 20 ha Einblicke in das Leben an Mosel und Saar vergangener Jahrhunderte gibt.

Sehenswert

Spätrömische Kaiservilla

| Ruine |

Dass hier einmal ein prächtiger Kaiserpalast stand, lässt sich anhand der freigelegten Reste und des freistehenden Stücks Mauer kaum erahnen. Informationstafeln zeigen jedoch, wie der Palast ausgesehen haben mag. Die Überreste wurden 1959 beim Bau der St.-Nikolaus-Kirche freigelegt, bei den anschließenden Bauarbeiten aber zum Teil zerstört. Der römische Staatsbeamte und Dichter Ausonius nennt die Villa in seiner um 371 entstandenen Reiseerzählung »Mosella«. Er fungierte als Erzieher des späteren Kaisers Gratian, Sohn Valentinians I. Es ist anzunehmen, dass auch Ausonius sich in der Sommerresidenz des Kaisers aufhielt.

■ Martinstr. 22 (an der St.-Nikolaus-Kirche), ganzjährig frei zugänglich

Roscheider Hof

| Freilichtmuseum |

Der Gutshof, der urkundlich erstmals 1330 erwähnt wurde, war einst Pachtgut der Trierer Benediktinerabtei St. Matthias. Heute ist der Vierseithof das Herz des 1976 eröffneten Freilichtmuseums. Im Hauptgebäude und den früheren Scheunen und Ställen sind thematische Dauerausstellungen untergebracht wie z. B. Kultur des Waschens, Volksfrömmigkeit, Wohnkultur, Weinbau, Spielzeug aus aller Welt, Ofen- und Takenplatten, Zinnfiguren, um nur einige zu nennen. Auf dem freien Gelände befinden sich Museumsdörfer mit Häusern und Gärten vergangener Zeiten aus der Mosel-Saar-Region und dem Hunsrück. Viele Häuser wurden an ihrem Originalstandort abgebaut und im Freilichtmuseum Stein für Stein wieder aufgebaut. Unter den Gebäuden befinden sich alte Schulhäuser, Bahnhöfe, Stallscheunen und andere. Der Roscheider Hof verfügt über ein Restaurant mit Biergarten und einen Kinderspielplatz. Regelmäßig finden Open-Air-Konzertveranstaltungen, Sonderausstellungen und lebendige Zeitreisen statt sowie jährlich im August ein Kindertag.

■ Volkskunde- und Freilichtmuseum Roscheider Hof, Roscheiderhof 1, 54329 Konz, Tel. 06501/927111, www.roscheiderhof.de, April–Okt. tgl. 10–18, Nov.–März nur Sa, So 10–17 Uhr. Letzter Einlass 1 Std. vor Schließung, Erw. 7 €, Kinder bis 14 J. 3 €, unter 3 J. frei, Familien 14 €

Restaurants

€–€€ | Ristorante Pizzeria Da Paolino Es muss ja nicht immer Regionales sein! Bei Paolino gibt es leckere Pizza aus dem Steinofen, Pasta, ofenfrische Focaccia, eine Kinderkarte und eine Außenterrasse. Hauseigene Parkplätze. ■ Wiltinger Str. 24, 54329 Konz, Tel. 06501/6173, www.da-paolino.com, tgl. 17–22 Uhr, außer dienstags, da ist Ruhetag

€–€€ | Landhaus Euchariusberg Für seine Weine erhielt das Restaurant mit eigenem Weingut die Auszeichnung »Der beste Schoppen«. Regionale und saisonale Speisen in schönem Ambiente am Fuß des Euchariusbergs. ■ Am Großschock 7, 54329 Konz, Tel. 06501/13362, www.euchariusberg.de, Di–Sa 16–24, So 10–24, Küche 17–20.30, sonntags 11.30–14 und 17–20.30 Uhr

7 Saarburg

Das Städtchen wird auch Klein-Venedig an der Saar genannt

Information

■ Touristeninformation, Graf-Siegfried-Str. 32, 54439 Saarburg, Tel. 06581/995980, www.saar-obermosel.de, Mo–Fr 9–17, Sa 10–14 Uhr

Attraktion des Städtchens ist der 18 m hohe Wasserfall am Leukbach, der mitten im Ort zwischen Fachwerkhäusern und Barockbauten über Felskaskaden rauschend in die Tiefe stürzt. Der Leukbach war im 13. Jh. in die Stadt umgeleitet worden, um bei möglichen Bränden Löschwasser vor Ort zu haben. So entstand der Wasserfall und bald auch die ersten Wassermühlen, die Energie für Handwerksbetriebe lieferten. Eingravierungen und Verzierungen an Eingangstüren in den engen Gassen in Wassernähe zeugen davon, welche Berufe einst in den Häusern ausgeübt wurden. Steile Gässchen führen hinauf zur Oberstadt zum Buttermarkt, der durch den Leukbach in zwei Hälften geteilt wird. Urkundlich erwähnt wurde der Platz erstmals 1340 anlässlich seiner Pflasterung durch Meister Smalz. Hier reihen sich Restaurants und Cafés mit Blick auf das Wasser aneinander. Hoch über der Stadt thront die Ruine der Burg Saarburg. Wegen der zahlreichen Brücken über den Leukbach trägt das Zentrum der unteren Saar den Beinamen Klein-Venedig.

Sehenswert

Glockengießerei Mabilon

| Museum |

Die historischen Wurzeln der Glockengießerei reichen bis ins Jahr 1590 zurück, betrieben wurde sie seit 1770 von

Elsässisches Flair: In Saarburg sitzt man gern am Flüsschen Leuk

der Familie Mabilon. Die letzte Glocke wurde im Jahr 2002 gegossen, dann gaben die Mabilons die Gießerei aus Altersgründen auf und funktionierten sie in ein Museum um. Ein Rundgang führt durch die Sammlung der Gießerei und folgt den Spuren des ersten Glockengießermeisters in Saarburg, Urbanus Mabilon. Verschiedene Werkstätten, darunter Lehmraum und Gießhalle, vermitteln den Besuchern hervorragende Einblicke in das alte Handwerk. Im Jahr 2013 wurde nach über zehn Jahren Pause noch einmal eine Glocke in der alten Gießhalle hergestellt. Die 100 kg schwere Glocke wurde für den Turm der KulturGießerei gegossen. Das Museum verfügt über ein hauseigenes Café, in dem Mo-Fr ein günstiger Mittagstisch angeboten wird.

■ Staden 130, 54439 Saarburg, Tel. 065 81/23 36, www.museum-glockengiesserei-mabilon.de, Mo–Fr 9–17, Sa–So 11–17 Uhr. Erw. 5 €, erm. 2,50 €, Familien 12 €

AMÜSEUM

| Museum |

Im städtischen Museum werden auf anschauliche Weise traditionelle Saarburger Handwerkerberufe wie Glockengießer, Drucker, Schuster, Gerber und Schiffer präsentiert, und für Kinder gibt es ein Museumsquiz, an dessen Ende eine kleine Überraschung auf sie wartet. Im Dachgeschoss ist die Städtische Galerie untergebracht, die in Wechselausstellungen zeitgenössische Werke regionaler und überregionaler Künstler zeigt.

■ Am Markt 29, 54439 Saarburg, Tel. 065 81/99 46 42, www.amueseum-saarburg.de, Mo–Fr und So 11–16, Sa geschlossen, Erw. 3 €, erm. 1,50 €, Kinder 6–14 J. 0,70 €, Familienkarte 6,50 €

ADAC Spartipp

Mit der Saarburger Museumskarte wird der Museumsbesuch günstiger. Für Glockengießerei, AMÜSEUM und Mühlenmuseum zahlen Sie 7 €, erm. 4,50 €, Familienkarte 17 €.

Mühlenmuseum

| Museum |

In der Hackenberger Mühle unterhalb des Wasserfalls drehen sich drei Mühlräder. Hier waren jahrhundertelang eine Öl-, Loh- und Getreidemühle in Betrieb. Der alte Mühlenkomplex wurde noch bis 1974 zum Mahlen von Getreide genutzt und ist heute ein Museum, das über die Geschichte des Müllerhandwerks, die Technik und Funktion der Mühle informiert.

■ Staden 6, 54439 Saarburg, www.amueseum-saarburg.de/museum/mühlenmuseum, Mai–Ende Okt. Di–So 14–17 Uhr, Erw. 2 €, erm. 1,50 €, Kinder 6–14 J. 0,70 €, Familien 4,50 €

Burg Saarburg

| Burg |

Von der mittelalterlichen Höhenburg, die auf einem Bergrücken über der Stadt thront, existieren nur noch Reste der Umfassungsmauern und ein Wohnturm. Graf Siegfried von Luxemburg ließ die Burg 963 erbauen, denn Saarburg war für ihn ein wichtiger strategischer Stützpunkt im Südosten seiner Besitzungen. Zwei Jahrhunderte später waren die Trierer Erzbischöfe Eigentümer, unter denen die mächtige Anlage ausgebaut wurde. Die Burg fiel 1431 dem Zorn von Ulrich von Manderscheid zum Opfer. Als dieser im Jahr zuvor bei der Wahl zum Erzbischof von

Trier unterlag, erkannte er seine Niederlage nicht an, was zum Trierer Bischofsstreit führte. Ulrich reiste nach Rom, um Anerkennung durch Papst Martin V. zu erlangen, was fehlschlug. Trotzdem wollte er sich nicht fügen. Das Trierer Domkapitel wählte ihn letztendlich zum Erzbischof, was den Papst aber so erzürnte, dass er mit der Exkommunikation Ulrichs reagierte. Um eine lange Geschichte kurz zu machen: Er regierte das Erzbistum trotzdem, auch ohne Bischofsweihe. Der Händel ging weiter. Aber das ist eine andere Geschichte, die mit der Saarburg nichts zu tun hat. Diese zerstörte der wütende Ulrich während des Bischofsstreits. Johann II. baute sie über 30 Jahre später wieder auf. Seit dem 18. Jh. war die Burg kaum noch bewohnt, fiel dem Verfall anheim und wurde als Steinbruch genutzt. Das Plateau vor dem Burgturm bietet einen fantastischen Blick auf die Stadt. Die Burganlage ist frei zugänglich.

ADAC Mobil

Die Sesselbahn, die Saarburg mit dem Warsberg verbindet, transportiert auch Fahrräder, was im Preis inbegriffen ist. Kein eigenes Rad dabei? Leihfahrräder gibt es gleich neben der Talstation. Auf der 700 m langen Strecke werden 168 Höhenmeter überwunden. Oben bietet sich ein grandioser Rundumblick über die Saarburger Region, und bei einer Radtour auf dem Berg lässt sich die Umgebung mühelos erkunden.
Sesselbahn, Im Erdenbach 43, 54439 Saarburg, www.saarburger-sesselbahn.de, Woche vor Ostern bis 31. Okt. Di–So 10–17.45, Mitte Juli bis 31. Aug. tgl. 10–17.45 Uhr. Einzelfahrt Erw. 4,50 € (Hin- und Rückfahrt 7 €), Kinder (4–14 J.) 2,50 € (Hin- und Rückfahrt 4,50 €)

Restaurants

€ | Schlossberg Brasserie Lecker zubereitete Salate, Wraps, Burger, Pasta, Pizza sowie lokale Gerichte mit Zutaten aus der Region. Cocktails und Moselweine. Außenbestuhlung. ■ Am Markt 26–28 (am Wasserfall), 54439 Saarburg, Tel. 06581/6052022, www.schlossberg-brasserie.de, Di–So 9–21, Frühstück tgl. 9–12 Uhr

€–€€ | Restaurant Zunftstube Regionale Gerichte auf umfangreicher Speisekarte, dazu Spitzenweine aus der Region und nettes Ambiente. ■ Am Markt 11, 54439 Saarburg, Tel. 06581/91870, www.restaurant-zunftstube.de, Mo, Mi–So 11.30–14.30 und 17–22 Uhr

8 Kastel-Staadt

Wohnkammern und Nischen wurden einst hier in den Sandstein gegraben

Information

■ Touristeninformation, Graf-Siegfried-Str. 32, 54439 Saarburg, Tel. 06581/995980, www.saar-obermosel.de, Mo–Fr 9–17, Sa 10–14 Uhr

Es ist die Klause Kastel, die Besucher in den winzigen Ort auf einem Plateau hoch über der Saar lockt. Die Ursprünge der Klause gehen auf das 13. Jh. zurück, als Einsiedler in die weiche Sandsteinfelswand Höhlen schlugen, um hoch über dem Saartal völlig einsam zu leben. Um 1600 baute der

Hoch oben über dem Tal der Saar thront die Klause Kastel

Franziskanermönch Roméry auf dem engen Plateau eine zweigeschossige Kapelle, die ab Ende des 18. Jh. verlassen war und mit der Zeit verfiel. Bis der preußische Kronprinz Friedrich Wilhelm sie entdeckte und sie zwischen 1835 und 1838 von Stararchitekt Karl Friedrich Schinkel zu einer Grabkapelle für den von ihm verehrten böhmischen König Johann den Blinden ausbauen ließ. Der blinde König aus dem Hause Luxemburg (sein Vater war Kaiser Heinrich VII.) galt als Inbegriff ritterlicher Tapferkeit. Obwohl durch eine Krankheit erblindet, zog er 1346 in die Schlacht von Crécy und kam dabei ums Leben. Er wurde im luxemburgischen Kloster Altmünster beigesetzt und fast 200 Jahre später im Kloster Neumünster in Luxemburg bestattet. Während der Französischen Revolution übergaben Mönche des Klosters die sterblichen Überreste des Königs der Industriellenfamilie Boch in Mettlach, um sie vor den Revolutionstruppen zu verstecken. Dort ruhten sie mehrere Jahrzehnte in einer Mansarde.

Als Kronprinz Friedrich Wilhelm 1833 durch das preußische Rheinland reiste, schenkte Jean-François Boch dem Kronprinzen den Sarg mit den Gebeinen Johanns. An dessen Todestag im Jahr 1838 wurden seine Überreste in einem Sarkophag aus schwarzem Marmor in der Klausenkapelle bestattet. Dort ruhten sie, bis der Staat Luxemburg 1946 entschied, dass König Johann in der Krypta unter der Kathedrale Notre Dame in der luxemburgischen Hauptstadt seine allerletzte Ruhestätte finden sollte. Dorthin wurde er am 25. August 1946 mit militärischem Ehrengeleit überführt.

■ Klause Kastel, Saarblickstr. 2, 54441 Kastel-Staadt, Mi–So 10–16, Juli, Aug. bis 17 Uhr, Erw. 3,50 €, Kinder bis 16 J. 1,50 €, bis 6 J. frei

9 Mettlach

Der Ort am Naturphänomen Saarschleife

Besonders eindrucksvoll wirkt die Saarschleife, wenn Nebel über den Fluss zieht

Information

- Touristeninformation, Freiherr-vom-Stein-Str. 22, 66693 Mettlach, Tel. 068 65/ 91150, www.touristinfo-mettlach.de, Mo–Fr 9–12 und 13–17, Sa 10–14, So 14–17 Uhr, Plan S. 82 b3
- Parken siehe S. 83

Mettlach wartet gleich mit zwei großen Glanzpunkten auf: der Saarschleife und dem Weltunternehmen Villeroy & Boch. Wahrzeichen der Stadt ist die Alte Abtei. Der imposante Barockbau aus Buntsandstein liegt direkt am Saarufer und ist mit seiner Länge von 112 m nicht zu übersehen. Das monumentale Gebäude wurde zwischen 1728 und 1780 für die seit Ende des 7. Jh. in Mettlach ansässigen Benediktiner errichtet. Viel hatten die Mönche nicht von ihrer neuen Abtei, denn der Erste Koalitionskrieg gegen das revolutionäre Frankreich ab 1792 bedeutete das Ende für das Kloster Mettlach, die Benediktinermönche flüchteten. Das klösterliche Anwesen wurde im Zuge der Säkularisation 1802 zu französischem Nationaleigentum erklärt und sieben Jahre später an den Industriellen Jean-François Boch verkauft, der es zu einer Fabrik umbauen ließ. Bis heute ist die Alte Abtei der Hauptsitz der Firma Villeroy & Boch.

Plan
S. 82

Planet Square mit dem Erdgeist von André Heller und der Weltkarte des Lebens neben dem Alten Turm. Das vom Künstler Stefan Szczesny geschaffene und von Villeroy & Boch produzierte keramische Puzzle ist das größte seiner Art weltweit.

■ Der Park, der an die Abtei grenzt, ist öffentlich zugänglich.

ADAC Wussten Sie schon?

Eugène Boch (1855–1941) aus der 5. Generation der Industriellenfamilie, hatte mit Keramik nichts am Hut und widmete sich lieber der Dichterei und Malerei. Er war eng mit Vincent van Gogh befreundet, der ihn 1888 im »Porträt eines Dichters« auf Leinwand verewigte. Das Gemälde hängt heute im Musée d'Orsay in Paris.

Sehenswert

1 Abteipark

| Kulturpark |

Im Park der Alten Abtei steht der Alte Turm. Er wurde im Jahr 989 als Grabkapelle für den hl. Lutwinus, den Klostergründer von Mettlach, errichtet und gilt heute als das älteste sakrale Bauwerk des Saarlandes. Nicht weit davon befindet sich der gusseiserne Schinkel-Brunnen, den Kronprinz Friedrich Wilhelm 1833 Jean-François Boch schenkte. Wohl zum Dank für die Gebeine von König Johann dem Blinden, dessen Skulptur den Brunnen krönt. Ein wahrer Hingucker ist der Living

2 Erlebniszentrum Villeroy & Boch

| Museum |

3 *Historisch wertvoll: ein Unternehmen von Weltrang*

In der ehemaligen Benediktinerabtei begeben sich die Besucher auf eine Zeitreise und erleben einen Querschnitt durch die Entwicklung der Keramik im Lauf der Jahrhunderte. Sie begegnen dabei wahrhaften keramischen Kleinoden aus verschiedenen Epochen wie königlichen Nachttöpfen, Jugendstilwaschbecken, dem Nachbau eines Milchladens aus dem 19. Jh. und prunkvollem historischen Tafelgeschirr bis hin zum modernen Colani-Design. Die

Sammlung des Museums besteht aus rund 17 000 Exponaten. Die edlen Stücke sind in einem eigens für sie entwickelten Vitrinensystem ausgestellt. Bevor die Zeitreise beginnt, vermittelt ein 1998 von Sir Peter Ustinov gesprochener Film auf unterhaltsame Weise einen Überblick über die Keramik- und Unternehmensgeschichte seit 1748.

■ Saaruferstr. 1–3, 66693 Mettlach, Tel. 068 64/811020, www.villeroyboch-group.com/de, zur Zeit der Aktualisierung dieses Reiseführers war das Erlebniszentrum wegen Umbaus vorübergehend geschlossen, Informationen dazu s. Website

3 Baumwipfelpfad Saarschleife

| Aussichtsturm |

4 *Nur für Schwindelfreie: Steg in luftiger Höhe*

Der 1250 m lange Holzsteg schlängelt sich auf bis zu 23 m hohen Pfeilern durch den Wald und endet über den Baumkronen, in 42 m Höhe, auf dem Aussichtsturm. Doch die waghalsige Kletterpartie lohnt sich: Der Panoramablick, der sich einem von dort oben über die Landschaft der Saarschleife bietet, ist spektakulär und mit Worten kaum zu beschreiben. Auf dem Weg sind vier didaktische Stationen eingearbeitet, die über den Lebensraum Wald informieren, und für die Kleinen gibt es unterwegs eine Rialtobrücke mit Wackelelementen und eine Rutsche. Der Pfad ist barrierefrei und mit einer Steigung von maximal 6 % auch für Kinderwagen und Rollstuhlfahrer geeignet.

■ Cloef-Atrium, 66693 Mettlach-Orscholz, Tel. 068 65/186 48 10, www.treetop-walks.com/saarschleife, Mai–Sept. tgl. 9.30–19, Okt. bis 18, Nov.–März tgl. 9.30–16, April tgl. 9.30–18 Uhr, Erw. 12,50 €, Kinder 6–14 J. 10,50 €, unter 6 J. frei, Familien 29 €

4 St.-Lutwinus-Kirche

| Kirche |

Hingucker sind die einzigartigen Alabaster-Chorfenster aus dem italienischen Volterra und die Mettlacher Staurothek, ein Kreuzreliquiar, in dem, wie es heißt, Teile vom Kreuz Jesu aufbewahrt werden. Die reich verzierte Staurothek zählt zu den schönsten Goldschmiedearbeiten ihrer Zeit. Die Kirche hatte zwei Vorgängerbauten. Baubeginn der heutigen Kirche war 1900, die Ausführung lag in den Händen der Steingutfabrik Villeroy & Boch.

■ Gangolfer Straße, 66693 Mettlach, tgl. 10–18 Uhr

5 Burg Montclair

| Burg |

Eine Legende besagt, dass Bienen einmal die Retter der Burg waren. Angreifer wollten sie stürmen, was ihnen nicht gelang, und warteten deshalb, bis sich die Burgbewohner vor Hunger geplagt ergeben würden. Auf der Suche nach etwas Essbarem fanden diese Bienenkörbe und setzten sie als Waffen gegen die Eindringlinge ein. Die Körbe wurden auf den Burgmauern verteilt und auf die Feinde hinuntergestoßen. Die stechenden Bienen vertrieben die Angreifer. Das Burgmuseum informiert über die wechselhafte Geschichte der Burg aus dem 12. Jh.

■ 66693 Mettlach, Tel. 068 61/802 35, www.burg-montclair.de, Burgmuseum 1. April–1. Nov. Di–So 11–18 Uhr, Eintritt zum Burginnenhof frei, Museum und Turm Erw. 2 €, Kinder bis 6 J. frei

P Parken

Die zentrumsnahen Parkplätze sind gebührenpflichtig, abseits davon kann kostenfrei geparkt werden.

Im Blickpunkt

Villeroy & Boch

Eigentlich war François Boch (1700–1754) Eisengießer und Waffenschmied, bevor er 1748 mit seinen drei Söhnen in Audun-le-Tiche (im heutigen Département Moselle) mit der Herstellung von Keramikwaren begann. Die Nachfrage war groß. Knapp 20 Jahre später expandierte die Firma und produzierte nun unter dem Namen Jean-François Boch et Frères. 1809 erwarb Boch die Alte Abtei in Mettlach und machte aus ihr eine moderne mechanisierte Porzellanfabrik. 1836 tat sich Jean-François Boch (1782–1858) mit seinem Konkurrenten, dem Steingutfabrikanten Nicolas Villeroy aus Vaudrevange (heute Wallerfangen), zusammen, und aus den beiden Firmen wurde Villeroy & Boch. In den 1850er-Jahren begann das Unternehmen, Bodenfliesen mit eingelegtem Muster, die Mettlacher Platten, herzustellen. Diese waren so erfolgreich, dass 1879 ein Keramikwerk in Merzig eröffnet wurde, das sich zur weltweit größten Fabrik für Bodenfliesen entwickelte. 20 Jahre später begann die Produktion von Toiletten, Spülbecken und Badewannen. Dank der Massenproduktion konnten sich nun auch weniger betuchte Menschen Toiletten im Haus und moderne Badezimmer leisten. Auch im 21. Jh. stehen Innovation und Qualität an erster Stelle. Die Produkte von Villeroy & Boch werden heute in 125 Ländern verkauft.

Restaurants

€€ | Hotel Restaurant Saarblick Auf der Karte stehen saarlandtypische Gerichte wie »Dibbelabbes«, aber auch italienische Spezialitäten und deutsche Klassiker . ■ Freiherr-vom-Stein-Str. 14, 66693 Mettlach, Tel. 068 46/20 30, www.hotelsaarblick.de/restaurant, Mi–So 11–14.30, 17–21 Uhr, Plan S. 82 b3

Einkaufen

Mettlach Outlet Center Hier finden Sie Günstiges für Haus und Küche nicht nur von Villeroy & Boch, sondern auch von anderen Herstellern, darunter Bassetti, Vossen, WMF, Laura Ashley und Tefal. ■ Freiherr-vom-Stein-Str. 4–6, 66693 Mettlach, Tel. 068 64/20 31, Mo–Fr 9.30–19, Sa 9.30–18 Uhr, Plan S. 82 b3

10 Echternach

Ursprung von Luxemburgs ältester Stadt ist ein Benediktinerkloster

Information

■ Touristeninformation, 9–10, Parvis de la Basilique, L-6486 Echternach, Tel. 003 52/ 72 02 30, www.visitechternach.lu, Mo, Di 13.30–17, Mi–So 9–12 und 13.30–17 Uhr

Verwinkelte, enge Gassen, der kopfsteingepflasterte Marktplatz sowie Reste und Türme der alten Stadtmauer – die Stadt hat ihr mittelalterliches Ambiente bis heute bewahrt. Der angelsächsische Missionar und Wandermönch Willibrord aus Northumbria (658–739) kam 697/698 in den luxemburgischen Ort und gründete die Benediktinerabtei Kloster Echternach. Er gilt als Stadtgründer. Willibrord wurde nach seinem Tod im Chorraum seiner Klosterkirche begraben und schon bald danach heiliggesprochen. Seine Kirche, heute die Sankt-Willibrord-Basilika, ist die fünfte, die an dieser Stelle errichtet wurde. Nach seinem Tod wurde die Kirche binnen Kurzem zu klein für die großen Heerscharen der Pilger, die zu seinem Grab kamen. Die größeren Kirchenbauten, die ab dem Jahr 800 folgten, fielen über die Jahrhunderte einem Feuer, Truppen der Revolution und zuletzt 1944 den deutschen Truppen zum Opfer.

Die heutige Basilika wurde 1953 eingeweiht. Die Gebeine des Heiligen befinden sich bereits seit 1939 in der Krypta der Kirche. Im Abteimuseum neben der Basilika beleuchten Exponate das bewegte Leben und Werk Willibrords. »Seine« Stadt ist heute über die Landesgrenzen hinaus für die Echternacher Springprozession bekannt.

Sehenswert

Römervilla Echternach

| Museum |

Während Bauarbeiten Mitte der 1970er-Jahre stießen Bagger auf Mauerüberreste, die sich nach Ausgrabungsarbeiten als Fundament einer römischen Villa mit Keller, Säulengängen und Zierbecken entpuppte. Insgesamt wurden 70 Zimmer gezählt, womit die Villa eines der größten römischen Landgüter nördlich der Alpen ist. In einem Informationszentrum geben rekonstruierte Szenen mit Modellen und lebensgroßen Figuren einen Einblick in die Villa, wie sie im 1.-5. Jh. n. Chr. wohl ausgesehen hat.

■ Rue des Romains 47a, L-6478 Echternach, April–Okt. Di–So 10–12 und 13–17 Uhr, Eintritt frei

Echternacher Springprozession

| Prozession |

5 *Alte Traditionen werden hier hochgehalten*

Jedes Jahr am Pfingstdienstag springen Pilger bei Marschmusik mit seitlichen Schritten vorwärts, abwechselnd nach rechts und nach links. Dabei wird bei jedem Schritt kurz auf dem jeweiligen Fuß verweilt und dann mit dem anderen Fuß zum nächsten Schritt angesetzt – immer im Takt der Musik. Die Springer halten sich gegenseitig an weißen Taschentüchern fest. Die Prozession beginnt im Hof der ehemaligen Reichsabtei Echternach unter Anwesenheit des Luxemburger Erzbischofs und einiger Kardinäle und endet einen Kilometer später in der Basilika vor dem Grab des heiligen Willibrord. Jährlich nehmen in dem weniger als 6000 Einwohner zählenden Ort 12 000 bis 14 000 Pilger teil, wovon 8000 bis 9000 springen. Musikvereine aus ganz Luxemburg mit über 1000 Musikanten marschieren mit Pauken und Trompeten vor den Pilgergruppen. Ein wahrhaftig sehenswertes und außerdem ziemlich lautes Spektakel!

Die einzigartige Prozession, die in ihrer heutigen Form seit dem 19. Jh. stattfindet, wurde 2010 von der UNESCO als »Immaterielles Kulturerbe der Menschheit« ausgezeichnet.

Restaurants

€–€€ | Brasserie-Restaurant Aal Eechternoach Urige, gemütliche Brasserie mit Tischen auch draußen. Frische, moderne Küche mit Produkten aus der Region, auch Flammkuchen, Burger und einige vegane Gerichte. ■ 38, Place du Marché, L-6460 Echternach, Tel. 00352/26720880, www.aaleechternoach.lu, Do–Di 11–23 Uhr

Zur Springprozession kommen in Echternach alle zusammen

Übernachten

Wie hätten Sie es denn gerne? Übernachten auf einem Weingut oder doch lieber in einem Hotel mitten im Ort? Hotel mit Familienzimmer und Kochnische zur Selbstversorgung? Einfach, Luxus oder Spa? Auf der deutschen Seite der Mosel oder auf der luxemburgischen? In den kleinen und größeren Orten an der Obermosel finden Sie garantiert genau die Unterkunft, die Sie suchen.

Perl 68

€–€€ | Landgasthof Haus & Hof Dieser Gasthof eignet sich ideal zur Selbstversorgung. Das Aparthotel wurde in einer alten, umgebauten Schreinerei eingerichtet und beheimatet kreativ gestylte Studios in mehreren Größen mit Kochnische und Wohnzimmer, auch eine Maisonette für Familien. Restaurant, Coffeeshop und Wäscherei im Haus, kostenlose Parkplätze, Sonnenterrasse und Weingarten. ■ Marienstr. 3, 66706 Perl-Sehndorf, Tel. 068 67/911 85 91, www.hausundhof-sehndorf.de

€€ | Hotel Alte Maimühle Hier übernachtet man idyllisch in modernem Landhausambiente. Außergewöhnlich schöne Zimmer in hübschem Gebäude im Grünen. Mit Restaurant, Außenterrasse, Bistro & Vinothek. ■ Bahnhofstr. 100, 66706 Perl, 068 67/911 31 70, www.maimuehle.de

Remich 70

€ | Jugendherberge Remerschen/ Schengen Günstig übernachten in renoviertem Kloster nahe einem Badeweiher, der Mosel und einem Naturschutzgebiet. EZ und DZ mit eigenem Bad, Vollzeitverpflegung, auch vegetarische Gerichte. ■ 31 Wäistrooss, L-5540 Remerschen, Tel. 003 52/ 262 76 67 00, www.youthhostels.lu

Grevenmacher 71

€€ | Hotel Simon's Plaza Hübsche Zimmer mit Parkettböden. Sommerterrasse, kostenlose Parkplätze, Fitnesscenter, Restaurant mit französischer Küche. Das Hotel liegt sowohl von Trier als auch von Luxemburg-Stadt nur 15 Autominuten entfernt. ■ Potaschberg 7, L-6776 Grevenmacher, Tel. 003 52/26 74 74, www.simons-plaza.com

Konz 26

€€ | Gästehaus Weingut Hubertus Apel Wohnen in komfortablen Zimmern und Apartments. Das Haus verfügt über eine Weinterrasse sowie eine Weinstube mit Winzerküche und eigenen Gutsweinen. Kostenlose Parkplätze und Fahrradhalle. ■ Weinstr. 26, 54453 Nittel, Tel. 065 84/ 314, www.apel-weingut.de

Saarburg 76

€–€€ | Saar Galerie Modernes Hotel im Herzen der Stadt. Hübsche Zimmer mit Blick auf die Altstadt, einige

Zimmer verfügen über große Panoramafenster mit Blick auf die Burg. Reichhaltiges Frühstücksbuffet. ■ Heckingstr. 12, 54439 Saarburg, Tel. 065 81/929 60, www.hotel-saar-galerie.de

€€ | Hotel Saarburger Hof Familienhotel in der Innenstadt, individuell eingerichtete Zimmer. Restaurant, Parkplatz und Tiefgarage gegen Gebühr, Fahrradkeller und Leihfahrräder vorhanden. ■ Graf-Siegfried-Str. 37, 54439 Saarburg, Tel. 065 81/928 00, www.saarburger-hof.de

€€ | Hotel St. Erasmus Das familiengeführte Hotel ist ein guter Ausgangspunkt für Ausflüge in die Umgebung. Danach kann man sich im hoteleigenen Spa eine Wellnessbehandlung gönnen. Das Restaurant verarbeitet regionale Zutaten, die Gerichte werden von Weinen begleitet, die ebenfalls aus der Region stammen. ■ Kirchstr. 6a, 54441 Trassem (14 km südlich von Saarburg), Tel. 065 81/922, st-erasmus.de

Mettlach 80

€€ | Mettlacher Hof Wohlfühlzimmer mit gemütlichen Boxspringbetten. Hoteleigenes Restaurant und Biergarten. Das familienfreundliche Hotel liegt außerhalb des Zentrums in ruhiger Lage. Parkmöglichkeiten vorhanden. ■ Heinertstr. 17–19, 66693 Mettlach, Tel. 088 64/557, www.hotel-mettlacher-hof.de, Plan S. 82 c3

€€–€€€ | Buchnas Landhotel Saarschleife Das familienfreundliche Hotel liegt nur zehn Gehminuten von der Saarschleife entfernt. Hübsch eingerichtete helle Zimmer mit Holzböden, Innenpool, Sauna, Wellnessbereich, kostenlose Parkplätze. Hunde sind willkommen. ■ Cloefstr. 44, 66693 Mettlach-Orscholz, Tel. 068 65/17 90, www.hotel-saarschleife.de, Plan S. 82 westl. a1

Echternach 84

€ | Hotel Le Pavillon Das charmante 3-Sterne-Haus im Zentrum von Echternach bietet komfortable, zweckmäßig eingerichtete Zimmer. Dazu gehört auch ein hoteleigenes Restaurant mit französischer Küche, Halbpension möglich. ■ 2 rue de la Gare, L–6440 Echternach, Tel. 003 52/72 98 09, www.lepavillon.lu

ADAC Das besondere Hotel

Mondorf Parc Hotel Man möchte am liebsten gar nicht mehr so schnell abreisen. Nicht nur wegen der modernen, geräumigen Zimmer mit Balkon und der großen Kurparkanlage, in der das Hotel liegt, die mit hohen, alten Bäumen, prächtigen Blumenanlagen, duftenden Rosengärten, Wasserstraße, Skulpturen und Luxemburgs erstem Luftfahrtmuseum zum Verweilen einlädt, sondern vor allem wegen der 7600 m² großen Badelandschaft aus Thermalbädern mit Innen- und Außenpool, Dampfbad, Sauna, Wellness- und Fitnessbereich sowie Spa-Anwendungen. Ganz zu schweigen von den Restaurants, die auf dem Gelände liegen! *€€€ | Rue Dr E. Feltgen, L-5601 Mondorf-les-Bains, Tel. +3 52/23 66 66 66, www.mondorf.lu*

Mittelmosel – Steile Hänge, spektakuläre Flussschleifen

Nun beginnt die Römische Weinstraße. Stark abschüssige Rebgärten prägen die Landschaft, das Tal wird weiter

Dieser Teil der Mosel nennt eines der Zentren der Römerepoche sein Eigen. Trier wahrt sein bauliches und kulturelles Vermächtnis, ist aber auch voll in der heutigen Zeit angekommen. Dahinter mäandert der Fluss zwischen Hunsrück und Eifel bis hinunter nach Reil und präsentiert dabei hübsche Winzerorte zu beiden Seiten, wie Bernkastel-Kues und das Jugendstilstädtchen Traben-Trarbach. Kelteranlagen in Piesport und Brauneberg zeugen vom Weinbau der Römer. Ein Abschnitt erhielt den Namen »Römische Weinstraße«.

In diesem Kapitel:

ADAC Top Tipps:

ADAC Empfehlungen:

6 **Rheinisches Landesmuseum, Trier**
| Museum |
Die ganze Stadtgeschichte Triers von der Eiszeit bis zu den Römern, wobei diese klar im Fokus stehen. 99

7 **Amphitheater, Trier**
| Bauwerk |
Hier wurden einst Gefangene Tieren zum Fraß vorgeworfen. 99

8 **Benediktinerabtei St. Matthias, Trier**
| Abtei |
Die bewegte Geschichte von Apostel Matthias und Bischof Eucharius. 100

9 **Walderdorffs Bistro, Trier**
| Restaurant |
Schlemmen mit Blick auf den Dom und die Liebfrauenkirche. 101

10 **Weingut Reinhold Haart, Piesport**
| Weingut |
Das Weingut wurde bereits im Mittelalter gegründet und ist eines der ältesten in Europa. 112

11 **Schloss Lieser, Lieser**
| Schloss/Hotel |
Der ehemalige Familiensitz der Industriellenfamilie Puricelli. 115

12 **Kunstmuseum Casa Tony M., Wittlich**
| Museum |
Bunte Werkschau des in Wittlich geborenen Allround-Talents Tony Munzlinger. 116

23

13 **Weinkulturelles Zentrum, Bernkastel-Kues**
| Museum |
Die Weinerlebniswelt zeigt die Entwicklung des Moselweinbaus im Lauf der Zeit. 121

14 **Cusanus-Geburtshaus, Bernkastel-Kues**
| Museum |
Der Universalgelehrte Nikolaus von Kues lehrte in der Renaissance als Erster die Unendlichkeit der Welt. 122

15 **Mittelmosel-Museum, Traben-Trarbach**
| Museum |
Die Barockvilla der Kaufmannsfamilie Böcking hatte imposante Gäste. 128

16 **Haus der Ikonen, Traben-Trarbach**
| Museum |
Russische Kunst verschiedener Epochen, insbesondere vom Exilrussen Alexej Saweljew. 129

11 Trier

Angesagte Kulturmetropole an der Mosel

Bis heute prägt die Porta Nigra, das massive römische Bauwerk, das Trierer Stadtbild

Information

- Touristeninformation, Simeonstr. 60, 54290 Trier, Tel. 06 51/97 80 80, www.trier-info.de, Mo–Sa 9.30–18, So 10–17 Uhr, Plan S. 92/93 e2
- Parken siehe S. 101

Nachdem die Römer unter Julius Caesar Gallien erobert und die Kelten vertrieben oder versklavt hatten, gründeten sie vier Jahrzehnte später, 16 v. Chr., unter Kaiser Augustus die Stadt Augusta Treverorum, aus der Trier hervorging. Straßen und Märkte, Villen, Bäder, prächtige Thermen und um 170 n. Chr. das mächtige Steintor Porta Nigra entstanden. Konstantin der Große wählte Trier im frühen 4. Jh. zu seiner Residenzstadt und machte sie zur Machtzentrale des Weströmischen Reiches. Die Kaiserthermen und die Audienzhalle Aula Palatina, die im 19. Jh. in Konstantinbasilika umbenannt wurde, wurden erbaut. Mit rund 80 000 Einwohnern war Trier damals die größte Stadt nördlich der Alpen und wurde in der zweiten Hälfte des 3. Jh. Bischofssitz. Die Zeit der Römer war vorbei, als Trier 475 in die Hände der Franken fiel. Der politische Einfluss und die Macht der einstigen Römermetropole waren passé. 400 Jahre später wüteten die Wikinger in der

Plan
S. 92/93

Stadt, und 925 wurde sie unter Heinrich I. dem Ostfrankenreich einverleibt. Im Mittelalter war die ehemals blühende Stadt nur noch halb so groß wie im 4. Jh. Es entstanden Kirchen, Klöster und die Universität. Regiert wurde Trier vom Erzbischof, der zugleich Kurfürst war, aber die meiste Zeit in Koblenz residierte. Als Trier im Zuge der Befreiungskriege 1814 von preußischen Truppen eingenommen wurde, war es mit der Herrschaft der Erzbischöfe vorbei. Nach dem Ersten Weltkrieg stand die Stadt bis 1930 unter französischer Besatzung. Mit Trier verbindet man nicht nur die Römer und die Erzbischöfe, sondern auch einen der bedeutendsten Philosophen des 19. Jh.: Karl Marx. Der Sohn eines Anwalts kam 1818 in der Brückenstraße 10 zur Welt und lebte bis zum Abitur in der Stadt. Sein Elternhaus ist heute ein Museum, und seit 2018 steht Triers berühmtester Sohn in dreifacher Lebensgröße in Bronze gegossen auf dem Simeonstiftplatz. Ob römische Bauten, historische Stätten, Kirchen oder Klöster, in fast jeder Ecke der Stadt stößt man auf die Spuren der reichen und wechselvollen Geschichte der Stadt. Passender Startpunkt für Entdeckungsreisen durch Trier ist die Porta Nigra. Sie ist der Dreh- und Angelpunkt der Stadt.

Sehenswert

1 Porta Nigra

| Bauwerk |

3 *Berühmtes Stadttor, das Prestigeobjekt der Römer*

Porta Nigra ist lateinisch und heißt übersetzt schwarzes Tor. Schwarz war das mächtige Stadttor mit den markanten Ecktürmen jedoch nicht immer. Als der hellgraue Kordeler Sandstein im Laufe der Jahrhunderte unter dem Einfluss der Verwitterung eine rußähnliche Verfärbung annahm, verpassten ihm die Trierer im Mittelalter seinen heutigen Namen. Mit dem Bau des doppelten Steintores wurde 170 n. Chr. unter Kaiser Marc Aurel begonnen, endgültig fertiggestellt wurde es jedoch nie. Nach Ansicht der Forscher sollte das Tor nicht primär Verteidigungszwecken dienen, sondern eher als Prestigeobjekt, das letztendlich

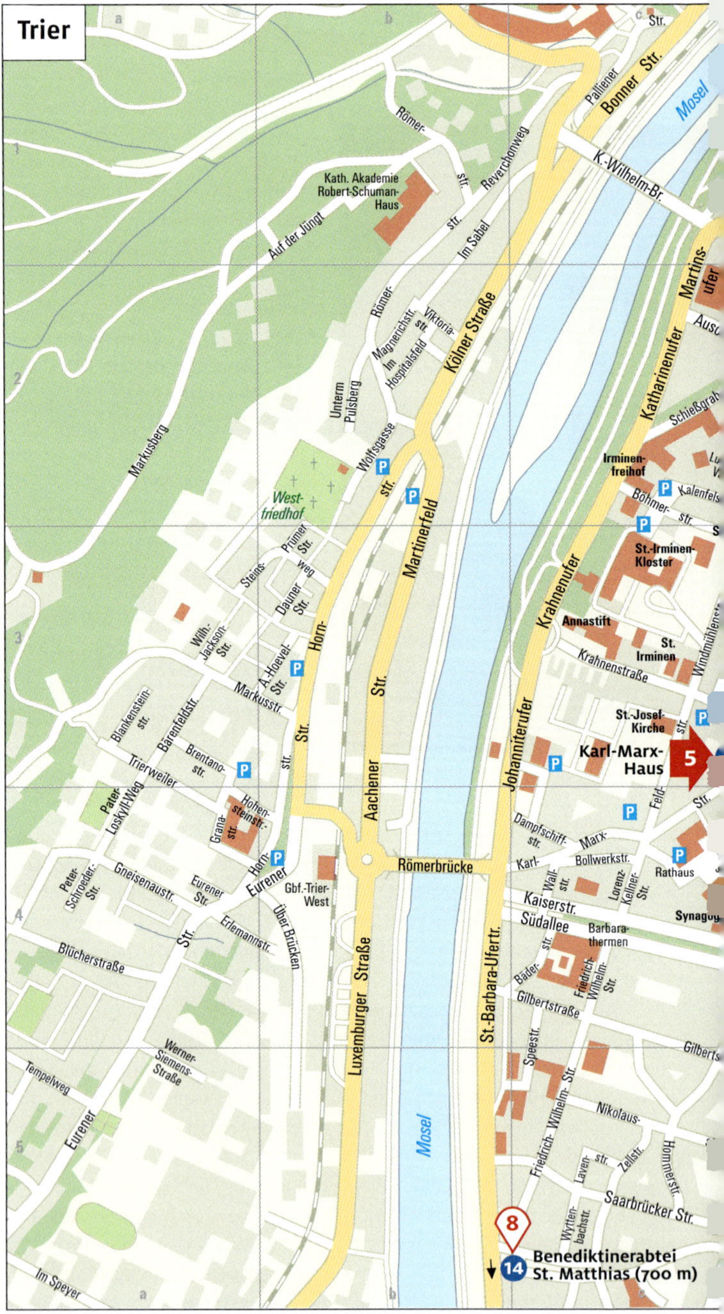
Trier
Mosel
Bonner Str.
Pallliener Str.
K.-Wilhelm-Br.
Römerstr.
Reverchonweg
Kath. Akademie Robert-Schuman-Haus
Auf der Jüngt
Im Sabel
Kölner Straße
Martinsufer
Katharinenufer
Römerstr.
Viktoriastr.
Magnerichstr.
Im Hospitalsfeld
Unterm Pulsberg
Wolfsgasse
Markusberg
West-friedhof
Martinerfeld
Schießgraben
Irminen-freihof
Kalenfels
Böhmerstr.
St.-Irminen-Kloster
Prümer Str.
Steinsweg
Dauner Str.
Krahnenufer
Annastift
St. Irminen
Krahnenstraße
Windmühlenstr.
Wilh.-Jackson-Str.
A.-Hoevel-Str.
Hornstr.
Aachener Str.
Markusstr.
Blankensteinstr.
Barenfeldstr.
Johanniterufer
St.-Josef-Kirche
Karl-Marx-Haus
5
Trierweiler Weg
Brentanostr.
Pater-Loskyll-Weg
Hohensteinstr.
Granastr.
Feldstr.
Dampfschiffstr.
Marx-
Horn-
Eurener Str.
Römerbrücke
Karl-
Wallstr.
Bollwerkstr.
Rathaus
Peter-Schroeder-Str.
Gneisenaustr.
Gbf.-Trier-West
Lorenz-Kellner-Str.
Kaiserstr.
Über Brücken
Erlemannstr.
Südallee
Barbarathermen
Synagoge
Blücherstraße
Bäderstr.
Friedrich-Wilhelm-Str.
Luxemburger Straße
St.-Barbara-Ufertr.
Gilbertstraße
Werner-Siemens-Straße
Speestr.
Gilbertstr.
Tempelweg
Eurener Str.
Nikolausstr.
Hommerstr.
Lavenstr.
Zellstr.
Saarbrücker Str.
Wyttenbachstr.
8
14
Benediktinerabtei St. Matthias (700 m)
Im Speyer
a
b
c
1
2
3
4
5

Stadtmuseum Simeonstift
Porta Nigra
Karl-Marx-Statue
Walderdorffs Bistro
Hauptmarkt
Museum am Dom
Dom St.-Peter
Liebfrauenkirche
Roter Turm
Konstantinbasilika
Kurfürstliches Palais
Rheinisches Landesmuseum
Kaiserthermen
Amphitheater
St.-Martin-Kirche
St.-Paulin-Kirche
Hauptbahnhof
Jesuitenkirche
Friedrich-Wilhelm-Gymnasium
Ursalinenschule
0
300 m

wohl aus finanziellen Gründen unvollendet blieb. Um 1030 ließ sich der byzantinische Mönch Simeon nach einer Pilgerfahrt ins Heilige Land als Eremit im Ostturm nieder und dort einschließen. Sein Essen wurde ihm in einem Korb gebracht, den er an einem Seil zu sich heraufzog. Als er fünf Jahre später starb, wurde er im Erdgeschoss der Porta Nigra begraben und noch im selben Jahr von Papst Benedikt IX. heiliggesprochen. Für den Trierer Erzbischof Poppo von Babenberg Grund genug, das monumentale Tor 1040 zu einer Kirche umzugestalten. In unmittelbarer Nähe zur Kirche wurde das Simeonstift errichtet, heute das Stadtmuseum. Als die Franzosen Trier 1794 einnahmen und die Säkularisierung durchsetzen wollten, schliffen sie Kirchen und Klöster. Im Visier stand auch die Simeonskirche in der Porta Nigra. Napoleon befahl 1803, die kirchlichen Anbauten abzutragen und den römischen Bau so wiederherzustellen, wie er einmal war. Die Franzosen konnten ihr Werk nicht zu Ende führen, denn ab 1815 besetzten die Preußen Trier und verhinderten den vollständigen Abbruch der Kirche, von der heute nur noch wenige Teile erhalten sind. Der Sarkophag und die Reliquien Simeons wurden während der französischen Besatzung in die nicht mehr existierende St.-Gervasius-Kirche überführt. Seit 1971 befinden sie sich in der Pfarrkirche St. Simeon in der Jahnstraße.

■ Porta-Nigra-Platz, 54290 Trier, April–Sept. tgl. 9–18, Okt. und März tgl. 9–17, Nov.–Feb. tgl. 9–16 Uhr, letzter Einlass 30 Min. vor Schließung, Erw. 4 €, Kinder 6–18 J. 2,50 €, Familienkarte 8 €

ADAC Spartipp

Die AntikenCard Trier Karte gibt es in der Basic- und Premiumversion – beide Versionen sind nicht nur für zwei oder drei Tage gültig, sondern für ein Kalenderjahr, und in beiden sind bis zu vier Kinder unter 18 J. inklusive. Basic: Eintritt in zwei Römerbauten und ins Rheinische Landesmuseum. Die Karte kostet 12 €. Premium: Eintritt in vier Römerbauten und ins Rheinische Landesmuseum. Die Premiumversion kostet 18 €. Die Karten gibt es bei der Touristeninformation, den Römerbauten und im Landesmuseum. *www.trier-info.de/vorteilskarten*

2 Stadtmuseum Simeonstift

| Museum |

Das ehemalige Stiftsgebäude der Kanoniker beherbergt seit 1904 das Stadtmuseum. Die Dauerausstellung besteht aus Kunst- und Kulturschätzen vom Mittelalter bis in die heutige Zeit und umfasst Gemälde, Kunsthandwerk, Skulpturen, koptische Textilien, Möbel und ostasiatische Kleinplastiken. Der Tribeta-Saal im Erdgeschoss widmet sich stadtgeschichtlichen Exponaten, der rote Saal im Stockwerk darüber der Geschichte der Stadt von der Antike bis heute, und der Gelbe Saal im Westflügel ist ausgewählten Themen der Stadt gewidmet. Interessant ist das Stifterkabinett im zweiten Obergeschoss mit Kleidern und Modeaccessoires der vergangenen drei Jahrhunderte. Die Ausstellungsräume sind mit interaktiven Bereichen und zahlreichen Medienpräsentationen ausgestattet. Ein kostenloser Kinder-Audioguide macht den Museumsbesuch auch für die Kleinen zu einem spannenden Ereignis. Im Neubau des Museums finden regelmäßig Sonderausstellungen zu kunst- und kulturhistorischen Themen statt.

■ Simeonstr. 60, 54290 Trier, Tel. 06 51/ 718 14 59, www.museum-trier.de, Di–So 10–17 Uhr, Erw. 5,50 €, Kinder bis 10 J. frei, Familienkarte 9 €

ADAC Mittendrin

In der spannenden Erlebnisführung »Das Geheimnis der Porta Nigra« begeben sich die Teilnehmenden auf eine interaktive Zeitreise in das römische Trier vor 1800 Jahren und sind live dabei, wenn das monumentale Bauwerk gegen Barbaren verteidigt werden muss.

Führungen Ostern–Okt. Di, Sa, So 13 Uhr, in den Ferien auch Do 13, Sa 15 Uhr, Nov.–Dez. Sa 13 Uhr. Erw. 18 €, erm. 15 €, Kinder 6–14 J. 10 €, www.trier-info.de/oeffentliche fuehrungen

3 Karl-Marx-Statue

| Skulptur |

Zum 200. Geburtstag von Karl Marx ließen sich die Chinesen ein ganz besonderes Geschenk für seine Geburtsstadt einfallen: eine Bronzeskulptur, deren Höhe von 5,50 m auf den Geburtstag des Philosophen, den 5.5., anspielt. Die 2,3 t schwere Statue wurde am 5. Mai 2018 auf dem Simeonstiftplatz hinter dem Stadtmuseum vor 200 Ehrengästen, rund 3000 Zuschauern und zahlreichen Demonstranten enthüllt. Schon jetzt ist der umstrittene Mega-Marx von Künstler Wu Weishan einer der Besuchermagnete Triers.

■ Simeonstiftplatz, 54290 Trier, die Statue ist frei zugänglich

4 Dom St. Peter

| Kirche |

4 *Älteste Bischofskirche Deutschlands*

Der Dom zeigt wie kein anderes Gebäude die reiche christliche Religionsgeschichte der Stadt. Er wurde ab 310

Über die Jahrhunderte entstanden am Dom Anbauten verschiedenster Epochen..

Im Blickpunkt

Helena, Mutter Konstantins des Großen

Sie gilt als Heilige, auch wenn sie vom Papst weder heilig- noch seliggesprochen wurde. Helena wurde 248/250 am Bosporus in einfachen Verhältnissen geboren. Aus ihrer Beziehung mit dem römischen Offizier Constantius ging zwischen 272 und 280 Sohn Konstantin hervor. Ob sie mit dem Römer verheiratet war, ist umstritten. Constantius verließ die nicht standesgemäße Helena 289, um Theodora, die Stieftochter Kaiser Maximilians, zu heiraten. Der Kaiser adoptierte seinen Schwiegersohn und ernannte ihn 293 zum Unterkaiser. Auch wenn Theodora drei Jungen gebar, so blieb Konstantin doch der Erstgeborene, übernahm nach dem Tod seines Vaters dessen Heer und wurde 306 zum Oberkaiser aufgerufen. Helena folgte ihrem Sohn, der sie zur Augusta ernannt hatte, nach Trier, wo sie zur Schlüsselfigur für die Verbreitung des Christentums wurde. Um 325/326 pilgerte Helena nach Palästina – da war sie vermutlich 76 Jahre alt. Der Legende nach suchte sie auf dem Golgotafelsen nach dem Kreuz Christi, veranlasste entsprechende Grabungen und fand tatsächlich Reste des Holzkreuzes sowie den Ort des Heiligen Grabes. Sie ließ die Kreuzreste in drei Stücke teilen. Eines war für ihren Sohn in Konstantinopel bestimmt, eines blieb in Jerusalem, und eines nahm sie mit nach Rom. Über der Kreuzauffindungsstelle und dem Grab ließen Helena und Konstantin die Grabeskirche errichten.
Von ihrer Reise brachte Helena den »Heiligen Rock« (das Gewand Jesu, dessen Echtheit nicht bestätigt ist) mit. Sie starb vermutlich 329 in Nikomedia, dem heutigen Izmit in der Türkei. Ihr Sarkophag befindet sich heute in den Museen des Vatikans, ihr Haupt ruht als Reliquie im Trierer Dom.

unter Konstantin I. als dreischiffige Basilika errichtet und zu einer der größten Kirchenanlagen Europas ausgebaut. Um 340 entstand ein 40 x 40 m großer Quadratbau mit vier monumentalen Säulen aus Odenwälder Granit. Dieser gilt als ältester Teil des Kirchenbaus und bildet bis heute den antiken Kern des Doms – die Granitsäulen sind längst nicht mehr die Originale. Im Mittelalter wurde der Dom erweitert und teilweise neugestaltet. Er erhielt die Westfassade, eine Erneuerung im spätromanischen Stil sowie eine Erhöhung der beiden Osttürme und des Südwestturms. Anfang des 18. Jh. entstand die Heiltumskapelle, in welcher der Heilige Rock, die Tunika Jesu Christi, aufbewahrt wird. Helena, die Mutter Konstantins, soll ihn im Jahr 324 von einer Wallfahrt aus Palästina mitgebracht haben. Das Gewand, das in einem Schrein verborgen ist, wird der Öffentlichkeit nur alle paar Jahre präsentiert, seine Echtheit ist jedoch umstritten. Im Dom befinden sich Grabmäler ehemaliger Trierer Erzbischöfe, und von der Antike bis zur Gegenwart sind die europäischen Kunstrichtungen aller Epochen vertreten. Deutschlands älteste Bischofskirche ist Teil des UNESCO-Welterbes.

■ Domfreihof 1, 54290 Trier, www.dominformation.de, 1. Nov.–31. März tgl. 6.30–17.30, 1. April–31. Okt. tgl. 6.30–18 Uhr, Eintritt frei

5 Museum am Dom

| Museum |

Neben kirchlichen Kunstgegenständen werden in dem Museum archäologische Funde aus den Vorgängerbauten des Doms gezeigt. Höhepunkt ist das Konstantinische Deckengemälde, das tief unter dem Dom geborgen wurde und aus über 30 000 Fragmenten rekonstruiert wurde.

■ Bischof-Stein-Platz 1, 54290 Trier, www.museum-am-dom-trier.de, Di–Sa 9–17, So 13–17 Uhr, Erw. 5 €, erm. 3 €

6 Liebfrauenkirche

| Kirche |

Die älteste rein gotische Kirche Deutschlands neben dem Dom ist wie dieser Teil des UNESCO-Welterbes. Die Kirche mit dem Grundriss einer zwölfblättrigen Rose wurde 1260 nach 33 Jahren Bauzeit fertiggestellt – mitten in der Bauzeit konnte das Domkapitel die französischen Baumeister nicht mehr bezahlen, woraufhin der Kölner Erzbischof eine Kollekte für die »Mutterkirche aller Kirchen der Trierischen Provinz« startete. Besondere Reliquie der Kirche ist das Kleid der Muttergottes. Der letzte Abt des Trierer Benediktinerklosters St. Marien, Placidus Mannebach, hat es vor den französischen Revolutionstruppen in Sicherheit gebracht und später der Liebfrauenkirche geschenkt. Das Marienkleid wird in einem Schrank aufbewahrt und jährlich am 15. August zu Mariä Himmelfahrt herausgeholt.

■ Liebfrauenstr. 2, 54290 Trier, April–Okt. tgl. 10–18, Nov.–März 10–17 Uhr, Eintritt frei

7 Konstantinbasilika

| Bauwerk |

Der Name ist irreführend. Auch wenn es Konstantin I. war, der das Christentum nach Trier brachte, so wurde die nach ihm benannte Basilika ursprünglich nicht als Kirche errichtet. Der Kaiser ließ den hochragenden Ziegelbau um 310 als Palastaula (Aula palatina) errichten, die er und die Kaiser nach ihm als Audienz-, Repräsentations-

und Empfangshalle nutzten. Die Franken zerstörten im 5. Jh. einen Großteil des Saalbaus, später dann kam das monumentale Gebäude in den Besitz der Trierer Bischöfe, die es umbauten und im 17. Jh. in das Kurfürstliche Palais integrierten. Unter der preußischen Besatzung wurde Mitte des 19. Jh. die römische Bausubstanz wieder freigelegt und die ehemalige Audienzhalle der römischen Kaiser 1856 in die erste protestantische Kirche Triers verwandelt und nach dem Kaiser benannt, der sie 16 Jahrhunderte zuvor erbaut hatte. Die Konstantinbasilika ist seit 1986 UNESCO-Welterbe und gilt weltweit als größter erhaltener Einzelraum der Antike.

■ Konstantinplatz 10, 54290 Trier, April–Okt. Mo–Sa 10–18, So 13–18, Nov.–März Di–Sa 10–12 und14–16, So 13–15 Uhr, Eintritt frei

8 Kurfürstliches Palais und Palastgarten

| Palast |

Da die alte Palastaula den Bedürfnissen der Trierer Erzbischöfe und Kurfürsten nicht mehr genügte, planten sie ein Schloss im Stil der Renaissance mit Wohn- und Repräsentationsräumen, das um einen quadratischen Innenhof gebaut werden sollte. Begonnen wurde mit dem Bau ab 1615 unter Erzbischof und Kurfürst Lothar von Metternich, dann kam der Dreißigjährige Krieg dazwischen und die Arbeiten am Bau zum Erliegen. Der Teil des Schlosses, der bereits bewohnbar war, wurde nicht genutzt, da die Kurfürsten ihre Residenz während des Krieges nach Koblenz verlegt hatten und erst Kurfürst Johann-Philipp von Walderdorff 1756 wieder nach Trier zog. Unter ihm wurde der Südflügel des Palais im Stil des Rokoko um- und ausgebaut. Viel hatten die Bewohner nicht von ihrer Residenz, denn 1794 fielen französische Revolutionstruppen in Trier ein, und die Erzbischöfe flohen. Die französische Besatzung nutzte das Palais ab 1803 als Kaserne.

Der barocke Palastgarten mit Blick auf die rosafarbene Rokokofassade des Kurfürstlichen Palais wurde Anfang des 20. Jh. zu einem öffentlichen Park hergerichtet. Im Sommer ist er beliebter Treffpunkt zum Sonnenbaden, Picknicken und Partyfeiern.

Das Kurfürstliche Palais selbst schließt sich an die Konstantinbasilika an. Da es als Verwaltungsgebäude genutzt wird, kann es jedoch nur von außen besichtigt werden.

9 Kaiserthermen

| Badeanlage |

Die monumentale Thermenanlage am Rand des Palastgartens lässt erahnen, welch luxuriösem Badevergnügen die Römer im 3./4. Jh. frönten. Etwas ganz Besonderes sind die unterirdischen »Bediengänge«, aus denen die Kesselräume angefeuert wurden, die für warmes Wasser in den Becken und für die Beheizung des Fußbodens sorgten. Bevor der Thermenkomplex fertiggestellt werden konnte, kam es allerdings zu einem Baustopp, und Ende des 4. Jh. wurde die Anlage zur Kaserne umfunktioniert.

■ Weimarer Allee 2, 54290 Trier, April–Sept. tgl. 9–18, Okt. 9–17, Nov.–Feb. 9–16, März 9–17 Uhr, Erw. 4 €, Kinder 6–18 J. 2,50 €, unter 6 J. frei, Familien ab 4 €

10 Hauptmarkt

| Marktplatz |

An dem Platz im historischen Stadtkern führt kein Weg vorbei. Im Gegenteil, alle Wege führen dorthin, und sternförmig führen von hier die Wege der Fußgängerzone in alle Richtungen der Altstadt. Der Hauptmarkt entstand im 10. Jh. als Warenverkaufs- und Handelsplatz und wird auch heute noch als solcher genutzt – mit Obst-, Gemüse- und Blumenmarkt. Der Markt findet montags bis samstags von 9 bis 18 Uhr statt und gilt als Deutschlands ältester Obstmarkt. Auf der südöstlichen Ecke steht der Petrusbrunnen aus dem 16. Jh. mit der Figur des hl. Petrus als Stadtpatron. Blickfang rings um den Platz sind die prachtvollen Häuser aus Renaissance, Barock und Klassizismus.

ADAC Wussten Sie schon?

Die Römerbrücke am St.-Barbara-Ufer an der Mosel wurde Mitte des 2. Jh. errichtet. Sie ist die älteste noch für den Verkehr genutzte Brücke nördlich der Alpen. Die Meisterleistung der römischen Ingenieurskunst hat selbst den Bombenhagel des Zweiten Weltkrieges überstanden. Unweit der Brücke befindet sich die sog. Konstantinsäule, ein achteckiger Pfeiler aus der Neogotik, der 1847 erbaut wurde und ursprünglich ein Teil des St.-Barbara-Tores war.

11 Rheinisches Landesmuseum

| Museum |

6 *Die schönsten Stücke aus römischen Zeiten*

Die Dauerausstellung präsentiert die gesamte Geschichte Triers von der Eiszeit bis zum letzten Kurfürsten der Stadt. Der größte Teil ist jedoch der Römerzeit gewidmet. Zu den Höhepunkten der Sammlung gehören spektakuläre Grabdenkmäler mit Reliefs, die aus dem Alltag der Menschen erzählen, die unter ihnen bestattet wurden, darunter das Neumagener Weinschiff, prachtvolle Mosaiken und das Münzkabinett mit dem Trierer Goldschatz aus 2650 Münzen. Es ist der weltweit größte römische Goldmünzenschatz. Er wurde um das Jahr 196 in Trier vergraben und erst 1797 Jahre später bei Ausschachtungsarbeiten zum Bau eines Parkdecks entdeckt. Ein besonderes Highlight ist die Multimedia-Show »Im Reich der Schatten«, in der Besucher zweimal täglich mit dem Kaufmann Albinius Asper und dem Götterboten Merkur in die Unterwelt eintauchen und dort auf allerhand Gestalten aus dem römischen Trier treffen.

■ Weimarer Allee 1, 54290 Trier, Tel. 06 51/977 40, Di–So 10–17 Uhr, www.zentrum-der-antike.de, Erw. 8 €, Kinder 7–18 J. 4 €, Familienkarte ab 8 €. Multimedia-Show »Im Reich der Schatten« Di–So 11.30 und 14.30 Uhr, www.im-reich-der-schatten.de

12 Amphitheater

| Bauwerk |

7 *Gegen die Langeweile – Freizeitspaß der Römer*

Im antiken Trier war das Amphitheater am Petrisberg Schauplatz spannender Wagenrennen, Tierhatzen und blutrünstiger Gladiatorenkämpfe, die von 18 000 Zuschauern bejubelt wurden. Nichts erfreute das Publikum jedoch mehr als Survival-Shows, in denen Sträflinge oder Sklaven Raubtieren zum Fraß vorgeworfen wurden. Im Geschoss unter der Arena warteten Tiere in Käfigen auf den Kampf, Gladiatoren bereiteten sich auf ihren

Auftritt vor, und Gefangene harrten ihres Schicksals, das meist nicht gut für sie ausging. Das im frühen 2. Jh. entstandene Amphitheater hatte mit dem Ende des Römischen Reichs ausgedient. Was vor 2000 Jahren hier abging, erzählt Gladiator Valerius in einer spannenden Erlebnisführung.

■ Olewiger Str. 25, 54295 Trier, www.trier-info.de/sehenswuerdigkeiten/amphitheater, April–Sept. tgl. 9–18, Okt. 9–17, Nov.–Feb. 9–16, März 9–17 Uhr, Erw. 4 €, Kinder bis 18 J. 2,50 €, Familienkarte ab 4 €

■ Erlebnisführung »Gladiator Valerius«: April–Sept. Mi, Fr, Sa 18 Uhr, in den Ferien zusätzl. Di, Do 18 Uhr, Okt.–Nov. Mi, Fr, Sa 17 Uhr, Erw. 18 €, erm. 15 €, Kinder 6–14 J. 10 €, Familien 45 €. Die Erlebnisführung ist für Kinder ab 10 J. geeignet. Voranmeldung empfohlen unter Punkt »Einzelgäste«: www.erlebnisfuehrungen.de/valerius

13 Karl-Marx-Haus

| Museum |

5 *Der große Philosoph und Theoretiker*

Die Sozialdemokratische Partei hatte das Geburtshaus von Karl Marx 1928 gekauft, um darin ein Marx-Engels-Museum einzurichten. Die Nationalsozialisten beschlagnahmten es jedoch, kaum dass sie an der Macht waren. Eröffnet wurde das Museum dann erst 1947. Die Dauerausstellung »Von Trier in die Welt: Karl Marx, seine Ideen und ihre Wirkung bis heute« dokumentiert nicht nur das Leben und Werk des Philosophen und Ökonomen, sondern widmet sich auch der Wirkungsgeschichte seiner Ideen bis in die Gegenwart. Es gibt nur sehr wenige Originalgegenstände zu sehen, einer ist jedoch Marx' Sessel aus seiner Londoner Wohnung, in dem er sehr viel Zeit mit Lesen verbracht hat. Man nimmt an, dass er 1883 in diesem Sessel gestorben ist. Aufgewachsen ist Marx übrigens in der Simeonstraße, wo seine Familie im Jahr nach seiner Geburt ein Haus erwarb. In Haus Nummer 8 weist eine Plakette darauf hin.

■ Brückenstr. 10, 54290 Trier, Tel. 06 51/542 90 Trier, www.fes.de/museum-karl-marx-haus, tgl. 10–18 Uhr, Sa 14 Uhr öffentl. Führung (im Eintrittspreis enthalten), Erw. 5 €, erm. 3,50 €, Familienkarte 9 €

14 Benediktinerabtei St. Matthias

| Abtei |

8 *Apostel Matthias und Bischof Eucharius*

Die Abtei ist aus einer Grabstätte hervorgegangen, die im 5. Jh. für den ersten Trierer Bischof, Eucharius, und dessen Nachfolger, Valerius, errichtet wurde. Als die Eucharius-Kirche im 12. Jh. abgerissen wurde, um einem Neubau Platz zu machen, entdeckte man während der Bauarbeiten die Gebeine des Apostels Matthias, die, so die Legende, im Auftrag von Kaisermutter Helena im 4. Jh. von Palästina nach Trier gebracht worden waren. Aufgrund dieses wichtigen Fundes eilte Papst Eugen III. 1148 aus Rom herbei, um die noch nicht vollendete Abteikirche zu weihen. Danach setzten große Pilgerströme zum Apostelgrab in der Krypta der nun in St. Matthias umbenannten Abtei ein, die bis heute nicht abgerissen sind. Da die Abtei von Mönchen bewohnt wird, kann sie nicht besichtigt werden. Die Basilika ist für Besucher geöffnet.

■ Matthiasstr. 85, 54290 Trier, www.abteistmatthias.de, Basilika tgl. 8–19 Uhr geöffnet, So vormittags wegen Gottesdienst keine Besichtigung möglich

Parken

Nicht weit von der Porta Nigra liegen das Parkhaus Ostallee beim Bahnhof und das Parkhaus Hauptmarkt in der Walramsneustraße. Vom Bahnhof sind es zehn und vom Hauptmarkt sechs Gehminuten zum berühmten Stadttor. Beide Parkhäuser sind rund um die Uhr offen. Auf www.swt.de (unter »Bus/Rad/Auto«, alle 15 Minuten aktualisiert) erhält man Auskunft darüber, wo aktuell Parkplätze zur Verfügung stehen.

Restaurants

€ | Café Liebling Trier Auf der Karte des geräumigen vegetarisch/veganen Lokals stehen Suppen, leckere Bowls, Salate und Frühstück, die Tageskarte wechselt täglich. Fenster vom Boden bis zur Decke, im hinteren Bereich Wohnzimmeratmosphäre, Außenbestuhlung. ■ Neustr. 88, 54290 Trier, Tel. 0651/56133837, www.lieblingtrier.de, Mo, Di, Do 10–17, Fr–So 10–18 Uhr, Plan S. 92/93 d4

€ | Kartoffelkiste In dem gemütlichen Restaurant in der Fußgängerzone wird die kulinarische Vielfalt der Kartoffel voll ausgeschöpft. Da ist für jeden Geschmack etwas dabei. ■ Fahrstr. 13-14, 54290 Trier, Tel. 0651/97900066, www.kistetrier.de, tgl. 11–23 Uhr, Küche durchgehend 11.30–21.30 Uhr, Plan S. 92/93 d3

9 **€€ | Walderdorffs Bistro** Wer Regionales sucht, ist in dem Bistro in der ehemaligen Dompropstei des Gebäudekomplexes Palais Walderdorff genau richtig. Es stehen auch Pasta, Falafel, Tapas und Vegetarisches auf der Karte. Beim Wein hat man die Qual der Wahl: Saar-, Mosel- oder internationale Weine, es stehen über

Die Benediktinerabtei birgt die Reliquien des Apostels Matthias.

Originelles für daheim und zum Anziehen gibt es in der Glückswerkstatt.

100 Positionen zur Auswahl. Tgl. günstige Mittagsgerichte. ■ Domfreihof 1, 54290 Trier, Tel. 0651/9944412, bistro.walderdorffs.de, Mo–Do, So 11.30–1, Fr, Sa 11.30–2 Uhr, Plan S. 92/93 d3

€€ | Oechsle Wein- & Fischhaus Frische Fischgerichte und regionale Weine in uriger Weinstube und auf der Terrasse. ■ Palaststr. 5-7, 54290 Trier, Tel. 0651/9717555, www.oechsle-weinhaus.de, So–Do 11.30–21, Fr, Sa 11.30–22 Uhr, Plan S. 92/93 d3

€–€€ | Pizzamanufaktur Pellolito Mit seinen außergewöhnlichen Pizza-Kreationen gilt das Pellolito als beste Pizzeria in Trier. ■ Stockstr. 3, Tel. 0651/97637516, www.pellolito-trier.de, Mo–Fr 12–14.30, 18–22, Sa 12–22 Uhr, Plan S. 92/93 d3

Einkaufen

In der Fußgängerzone Simeonstraße, die von der Porta Nigra zum Hauptmarkt und über die Grabenstraße zur ebenfalls autofreien Brotstraße führt, sowie in den zahlreichen Seitenstraßen und -gassen, die von den Fußgängerzonen abgehen, ist richtig gut bummeln. Hier reihen sich diverse Boutiquen und Läden aneinander, darunter zahlreiche Fundgruben. Für ausgefallene und individuelle Stücke steht die Neustraße, die mit einem hohen Anteil an inhabergeführten Geschäften punktet.

Nusia Fashion Design-Manufaktur mit einzigartiger Kleidungsstücke und Accessoires aus Strick-, Jersey- und Webstoffen ■ Neustr. 62, Tel. 0651/44714, www.nusia.de, Do, Fr 10–18, Sa 10–14 Uhr, Plan S. 92/93 d4

Glückswerkstatt Ausgefallene Geschenkideen für Groß und Klein von Wollpantoffeln über Kissen bis hin zu diversen Teesorten. ■ Sterngasse 6, Tel. 0651/99179399, Mo–Fr 10–19, Sa 10–18 Uhr, Plan S. 92/93 d3

Konplott Glitzerstücke gefällig? Hier gibt es bunte Klunker noch und nöcher – ausgefallener Modeschmuck zu günstigen Preisen. ■ Fleischstr. 62 (Trier Galerie), www.konplott.com, Tel. 06 51/170 42 13, Mo–Sa 10–19 Uhr, Plan S. 92/93 d3

Kaufhaus Popp Was man schon immer gesucht, aber nie gefunden hat, findet man garantiert unter dem ausgefallenen Allerlei des ungewöhnlichen Kaufhauses. ■ Neustr. 22, Tel. 06 51/99 47 91 15, www.kaufhaus-popp.de, Mo–Sa 11–18 Uhr, Plan S. 92/93 d4

Fräulein Prusselise Individuelle Röcke, Kleider und Oberteile für Damen sowie Mode für Kinder, entworfen von zwei jungen Trierer Modedesignerinnen. Bio und fair produziert. ■ Neustr. 23, Tel. 06 51/207 87 94, www.frl-prusselise.de, Di–Sa 11–16 Uhr, Plan S. 92/93 d4

Kinder

Spielzeugmuseum Von der Antike bis zur Neuzeit Spielzeug auf zwei Etagen: Lego, Dampfmaschinen, Eisenbahn, Blechspielzeug, Puppen, Plüschtiere und vieles mehr lassen Kinderherzen höherschlagen. ■ Trierer Spielzeugmuseum e. V., Dietrichstr. 51, 54290 Trier, Tel. 06 51/758 50, www.spielzeugmuseum-trier.de, Di–So 11–17 Uhr, Erw. 6 €, Kinder 4–10 J. 2,50 €, 11–18 J. 3 €, Familien 15 €, Plan S. 92/93 d3

Trampoline Trier XXL-Indoor-Freizeitpark für die ganze Familie: Riesentrampolins, Klettergerüste, Boxautos und Speed Coaster, Reifenrutschen und Kleinkinder-Bereich. ■ Diedenhofenerstr. 29, 54294 Trier, Tel. 06 51/20 19 70 74, www.trampoline-indoorspielplatz.de, Fr 14–18.30, Sa, So 11–18.30 Uhr, in den Schulferien auch Di–Do, Erw. 7 €, Kinder 2–17 J. 13 €, Plan S. 92/93 südl. a5

12 Schweich

Der Hauptort der Römischen Weinstraße ist Schauplatz eines Romans

Information

■ Touristeninformation Römische Weinstraße, Brückenstr. 46, 54338 Schweich, Tel. 065 02/933 80, www.roemische-weinstrasse.de, Mo–Fr 9–12.30 und 13–18 (im Winter bis 17), Sa 9–12 Uhr

Der Schriftsteller Stefan Andres, der in Schweich aufwuchs, setzte dem Moselstädtchen am Rande des Meulenwaldes mit seinem autobiografischen Roman »Der Knabe im Brunnen« 1953 ein Denkmal. Wahrzeichen der Stadt ist der Fährturm am Hafen, zu den Sehenswürdigkeiten zählen eine alte Mühle, eine Synagoge, die heute als Kulturzentrum dient und der Niederprümer Hof. Urkundlich erwähnt wurde der Ort erstmals im Jahr 721 als Soiacum, aber dass die Römer hier einst siedelten, davon zeugt der Fund einer römischen Villa. Zu den ältesten Gebäuden der Stadt zählt das Alte Weinhaus aus dem 17. Jh., in dem heute die Touristeninformation untergebracht ist.

Schweich ist Standort des einzigen Herstellers von Heißluftballonen in Deutschland und zieht mit dem farbenfrohen Spektakel der »Mosel Ballon-Fiesta« jedes Jahr im August bis zu 20 000 Besucher an.

Sehenswert

Fährturm

| Turm |

Wer sich Schweich vom Wasser her nähert, kann ihn nicht übersehen. Kur-

Dieser Brunnen wurde nach dem Schriftsteller Stefan Andres benannt.

fürst Clemens Wenzeslaus ließ den Fährturm am Hafen Ende des 18. Jh. erbauen. Die Spitze des fünfeckigen Baus ist moselaufwärts gerichtet und diente in alten Zeiten, als die Mosel im Winter noch zufror, als Eisbrecher. Bis 1902 stand am gegenüberliegenden Ufer ein zweiter Turm, der durch ein Drahtseil mit dem Schweicher Fährturm verbunden war.

An diesem über 250 m langen Seil war die Fähre befestigt, die so vor dem Davontreiben geschützt war. Der Turm wurde zu Beginn der Bauarbeiten an der Moseltalbahn abgerissen, und nach der Errichtung einer Moselbrücke 1906 wurde der Fährbetrieb endgültig eingestellt. In dem denkmalgeschützten Gebäude befindet sich heute das maritime Restaurant Zum Fährturm.

Ehemalige Synagoge

| Kulturstätte |

Die 1852 errichtete Synagoge hat eine wechselhafte Geschichte hinter sich: 1938 wurde sie während der Novemberpogrome verwüstet, während des Zweiten Weltkrieges als Kriegsgefangenenlager und ab 1951 von der Raiffeisenbank Schweich als Lager für Bauern- und Winzerbedarf genutzt. In den 1980er-Jahren erfuhr das Gebäude eine umfassende Renovierung und eröffnete 1989 als Kultur- und Veranstaltungsstätte. Sehenswert sind die Ornamentmalereien der Wände sowie die dreiseitig umlaufende Frauenempore, die anhand alter Fotografien rekonstruiert wurden. Dass es einmal eine Synagoge war, daran erinnert ein aufgemalter Thoraschrein.

■ Richtstr. 40, 54338 Schweich, Tel. 065 02/93 38 26, März–Okt. Mo 10–12 und Mi 14–16 Uhr

Molitorsmühle

| Museum |

Stefan Andres schreibt in seinem Roman »Der Knabe im Brunnen« von der alten Mühle am Föhrenbach, die 1824 als Loh-, Öl- und Schleifmühle erbaut und sechs Jahre später von Johann Molitor übernommen wurde. Bis zur Stilllegung 1972 blieb die Mühle im Familienbesitz. In den 1990er-Jahren erwarben die Geschwister Branz die Mühle, die 1994 unter Denkmalschutz gestellt wurde, und eröffneten sie 1997 als Museum. Auf vier Etagen erleben Besucher die komplett erhaltene Mühlentechnik aus dem 19. und 20. Jh. und erfahren zudem einiges über Getreide, Unkrautsamen und Mehltypen.

■ Am Föhrenbach, 54338 Schweich, Tel. 065 02/13 36, www.molitorsmuehle.de, Ostern–Ende Okt. So, Fei 14–18 Uhr sowie ganzjährig nach Vereinbarung und zu besonderen Anlässen (s. Webseite), Erw. 4 €, Kinder ab 5 J. 1,50 €, erm. 2 €, Familien 8 €

Kulturzentrum Niederprümer Hof

| Museum |

Das Hofgut, das auf den Resten einer römischen Villa gebaut wurde, ging zwischen 1285 und 1296 als Schenkung an das Benediktinerkloster Niederprüm und wurde 1802 säkularisiert. Seit 1983 ist das Gebäude Sitz der Stefan-Andres-Gesellschaft, die weltweit Mitglieder in 14 Staaten hat. An den Bestsellerautor der 1950er-Jahre erinnert ein Museum mit Briefen, Dokumenten, Erstausgaben, Fotos, Handschriften, Büsten und Gemälden. Besucher werden in vier Räumen durch die Lebensstationen des Autors, seine Werke und deren Schauplätze an der Mosel, in Spanien, Griechenland und Italien geführt. In Erinnerung an ihren berühmten Sohn, der in Rom lebte und dort begraben ist, errichtete die Stadt 1978 im Ort den Stefan-Andres-Brunnen, auf dem Szenen aus seinen Büchern dargestellt sind.

■ Niederprümer Hof, Hofgartenstr. 26, 54338 Schweich, Tel. 06502/6524, Di 14–16 Uhr und nach Vereinbarung, Eintritt frei

Restaurants

€–€€ | Ristorante-Pizzeria La Fontana Hier werden neben Pasta und Pizza auch Risotto, Fisch- und Fleischgerichte angeboten. Freundliche Mitarbeiter, nette Atmosphäre, gutes Essen. ■ Steinerbaum 4 (Am Brunnenzentrum), 54338 Schweich, Tel. 06502/9964700, www.la-fontana-schweich.de, Di–Sa 11.30–14, 17.30–22, So, Fei 11.30–21 Uhr

Wandern

Auf der relativ leichten, 14,1 km langen Moselsteig-Etappe 08 Leiwen – Neumagen-Dhron geht es durch Weinberge und vorbei an urigen Felsklippen, entlang an Wäldern und Wildgehegen. Der Startpunkt Leiwen liegt weniger als 15 Autominuten von Schweich entfernt.

13 Klüsserath

Straßendorf mit Wasserburg, Krippenmuseum und Seifenkistenrennen

Information

■ Touristeninformation, Kirchstr. 3, 54340 Klüsserath, Tel. 06507/3099, www.weinortkluesserath.de, 1. Mai–31. Okt. Mo–Mi, Sa 9–11.30,Do,Fr 15–17.30, 1. Nov.–30. April Mo–Mi, Sa 9–11, Do,Fr 15–17 Uhr

»So lang wie Klüsserath« ist ein Spruch, den man in den Weinorten ringsum öfter hört, denn Klüsserath erstreckt sich knapp zwei Kilometer entlang der Mosel. Berühmt ist der Ort für die Weinlage »Klüsserather Bruderschaft«,

ADAC Mittendrin

Immer am dritten Sonntag im Mai ist Klüsserath im Rennfieber. Seifenkisten in allen Farben rasen beim traditionellen Seifenkistenrennen mit bis zu 50 km/h eine 300 m lange Strecke hinunter, am Straßenrand feuern Zuschauer die kleinen Moselflitzer an.

3. So im Mai ab 10.30 Uhr an der Krainstraße am Ortsausgang, Eintritt frei

die als eine der größten an der Mosel gilt, für das jährliche Seifenkistenrennen und seit ein paar Jahren auch für das Haus der Krippen mit seiner einzigartigen Sammlung. In der Pfarrkirche St. Maria Rosenkranzkönigin mit einem figurenreichen Renaissancealtar aus dem 17. Jh. befindet sich die Grabplatte des Klüsserather Burgherrn und Kreuzfahrers Richard von Hagen, die den im 15. Jh. Verstorbenen in voller Rüstung zeigt.

Sehenswert

Haus der Krippen

| Museum |

In dem außergewöhnlichen Museum sind Krippen aus allen Kontinenten ausgestellt. Die Sammlung gliedert sich in die drei Bereiche »Historische Krippen«, »Krippen aus aller Welt« und »Zeitgenössische Krippen«. Die zeitgenössischen Krippendarstellungen zeigen Exponate im moselländischen, alpenländischen sowie orientalischen Stil, aber auch Simultankrippen, die aufeinanderfolgende Ereignisse abbilden, sowie Kasten- und Dioramenkrippen. Es gibt Krippen aus allen Materialien. Zu den außergewöhnlichsten Darstellungen zählen die Exponate aus Tiffanyglas, orientalische Krippen aus Olivenholz, afrikanische aus Bananenblättern sowie farbenfrohe Krippen aus Lateinamerika. Den räumlichen Mittelpunkt der Ausstellung bildet eine Jesusfigur aus dem 18. Jh. Das Museum befindet sich in einem restaurierten Winzerhaus aus dem Jahr 1650.

■ Hauptstr. 83, 54340 Klüsserath, Tel. 06507/939204, www.krippenmuseum.info, 2. Mai–1. Advent Sa,So 14–18, 1. Advent–15. Jan. Do–So 14–18 Uhr, Erw. 4 €, erm. 3 €, Kinder bis 12 J. frei

Burg Klüsserath

| Burg |

Die ehemalige Wasserburg (12./13. Jh.) war Sitz der Freiherren von Kesselstatt, bis sie im 14. Jh. an die Trierer Bischöfe ging. Der dreigeschossige Rechteckbau mit Kreuzgewölbekeller aus dem 7. Jh. ist in Privatbesitz und kann nur von außen besichtigt werden. Die Anlage beherbergt das Weingut Zur Burg mit einem der ältesten Weinkeller Deutschlands und Straußwirtschaft.

■ Burgweg 2, 54340 Klüsserath, www.weingutzurburg.de

Restaurants

€ | Monikas Straußwirtschaft Leckere Weine der Region zu günstigen, moseltypischen Gerichten. ■ Mittelstr. 101, 54340 Klüsserath, 06507/4437, Fr, Sa 17.30–21, So 11.30–14 und 17.30–21 Uhr

€–€€ | Weinrestaurant Zum Rudemsmännchen Moselländisches Flair bei gutem Wein, zu essen gibt es Bratkartoffeln, Schnitzel und Salate. Tipp: Das Restaurant bietet jeden Samstag um 13 Uhr Weinerlebniswanderungen an – die Tour beginnt beim Weingut Rudemsmännchen und endet dort auch wieder. ■ Salmstr. 12, 54340 Klüsserath, Tel. 06507/4658, www.rudemsmaennchen.de, Fr und Sa ab 17 Uhr, sonntags nur für reservierte Gruppen

Sport

Paragliding Aufgrund der idealen thermischen Voraussetzungen in der Gegend gibt es an der Mosel zahlreiche Startplätze für Drachenfliegen und Paragliding, darunter das DFC-Trier-Gelände Klüsserath. ■ Vorab ist eine Gastregistrierung notwendig: www.moselfalken.de

14 Trittenheim

Die Mosel-Halbinsel liegt malerisch in einer Moselschleife

Information

■ Touristeninformation, Moselweinstr. 55, 5349 Trittenheim, Tel. 065 07/22 27, www.trittenheim.de, Mo–Sa 9–12 und Mo, Di, Do, Fr 14.30–16.30 Uhr

Trittenheim ist der einzige Ort an der Mosel, der noch über ein Fährturmpaar verfügt. Das aus einer fränkischen Siedlung hervorgegangene 1000-Einwohner-Örtchen am flachen Hang einer Landzunge wurde erstmals 893 urkundlich erwähnt. Dank der 300 ha großen Weinanbaufläche mit den Weinlagen »Apotheke« und »Altärchen«, seinem berühmten Sohn Johannes Trithemius und dem sternegekrönten Wein- und Tafelhaus von Alexander Oos ist Trittenheim weithin bekannt.

Sehenswert

Fährtürme

| Türme |

Die quadratischen Türme mit spitzen Schieferdächern an beiden Seiten des Moselufers dienten zwischen 1829 und 1908/1909 dem Fährbetrieb sowie als Wohnung der Fährleute. Die Fähre wurde von einem an beiden Türmen befestigten Seil, getrieben von der Strömung, von einem Ufer ans andere geführt. Nach Fertigstellung und Inbetriebnahme der ersten Moselbrücke

Trittenheim schmiegt sich förmlich an diese Schleife der Mosel an

von Trittenheim 1909 wurde der Fährbetrieb eingestellt. Der nördliche Fährturm hat vier Stockwerke und ist über einen Zugang im Dachgeschoss mit dem alten Brückenhäuschen verbunden. Der südliche Turm hat nur zwei Stockwerke. Beide Türme stehen seit 1991 unter Denkmalschutz.

Ein paar Schritte vom Brückenhäuschen entfernt steht am Anfang des Brückenbogens eine lebensgroße Bronzeskulptur von Johannes Trithemius. Der Gelehrte aus der Zeit der Renaissance sitzt mit einem aufgeschlagenen Buch in der Hand auf einem 1,20 m hohen Sockel und blickt in die Ferne.

Laurentiuskapelle

| Kapelle |

Die kleine Kapelle aus dem 16. Jh., die dem Weinheiligen Laurentius geweiht wurde, steht oberhalb des Ortes inmitten der Weinberge, und zwar auf dem Kamm des Südwesthanges der Moselschleife. Jedes Jahr findet am zweiten Augustwochenende eine Prozession zu der Kapelle statt, bei der während des Gottesdienstes um eine »gedeihliche Ernte und Verschonung vor Unwetter und Plag« gebeten wird. Ein Aufstieg zur Kapelle lohnt sich allein wegen der spektakulären Sicht auf die Mosel und die Weinberge.

Im Blickpunkt

Johannes Trithemius (1462–1516)

Nichts deutete darauf hin, dass er einmal zu einem der vielseitigsten und bedeutendsten deutschen Gelehrten seiner Zeit werden würde. Im Gegenteil. Sein Stiefvater hielt den wissbegierigen Jungen von Bildung und Schule fern, sodass Johannes unter großen Schwierigkeiten heimlich Griechisch, Latein und Hebräisch lernte. Mit 17 Jahren verließ er sein Elternhaus, um seinen Wissensdurst zu stillen. 1482 trat er in die Benediktinerabtei in Sponheim ein und wurde nur eineinhalb Jahre später zum Abt gewählt. Unter seiner Führung wuchs die Bibliothek des Klosters in den kommenden 20 Jahren von 48 Büchern auf über 2000 und wurde zu einer der größten Bibliotheken Deutschlands. Dieser Bestand zog Gelehrte aus ganz Europa nach Sponheim. Trithemius, der nie eine Universität besucht hatte, pflegte Kontakt mit führenden Humanisten, Bischöfen, Kurfürsten und sogar Kaiser Maximilian I. Dieser beauftragte ihn mit einer genealogischen Studie über die Habsburger. Er wechselte 1506 zum Schottenkloster Sankt Jakob in Würzburg und wurde noch im selben Jahr zum Abt gewählt. Trithemius befasste sich mit Sprachen, Geheimschriften sowie mit literatur- und heimatgeschichtlichen Studien. Während seines Lebens verfasste er über 90 Werke, wovon »Liber de scriptoribus ecclesiasticis«, ein Verzeichnis kirchlicher Schriftsteller aus dem Jahr 1494, als eine der ersten Bibliografien gilt. Seine Gelehrsamkeit wurde weit gerühmt. Kurfürst Joachim I. von Brandenburg nannte ihn den »Glanz unseres Zeitalters«. Als Trithemius 1516 starb, wurde er im Würzburger Schottenkloster beigesetzt. Nach der Säkularisierung des Klosters wurden seine Gebeine in die Neumünsterkirche in Würzburg verlegt.

Restaurants

€–€€ | Weingut Seminarhof – »Essen beim Winzer« Das Restaurant im ehemaligen Verwaltungsgebäude des Trierer Priesterseminars serviert regionale Spezialitäten wie Moselzwiebelsuppe, Weinsülze mit Bratkartoffeln, Flammkuchen auf Winzerart, aber auch Fisch- und Fleischgerichte sowie Vegetarisches. Terrasse mit Blick auf die Weinberge. ■ Moselweinstr. 40, 54349 Trittenheim, Tel. 065 07/55 84, www.seminarhof.de, Anf. April–Ende Okt. warme Küche Mo, Do, Fr, Sa 12-20.30, Mi 17–20.30, So 11.30–14 Uhr, das Restaurant schließt um 22 Uhr, So um 15 Uhr

€€€ | Wein- und Tafelhaus Alexander und Daniela Oos führen das Gourmetrestaurant mit Weinbar, Gästehaus und Kochschule seit 2002. Das Restaurant, das 2004 mit einem Michelin-Stern geadelt wurde, liegt in einem verglasten Kubus mit Blick auf die Weinberge. Serviert werden Gerichte mit mediterranen Elementen. Nicht ganz billig, aber vom Allerfeinsten, wenn man sich mal etwas Besonderes gönnen will. ■ Moselpromenade 4, 54349 Trittenheim, Tel. 065 07/70 28 03, www.wein-tafelhaus.de, Di–Sa 18.30–24 Uhr, letzte Bestellung für Küche 20 Uhr

15 Neumagen-Dhron

Im ältesten Weinort Deutschlands wird die Antike im Sommer lebendig

Information

■ Touristeninformation, Römerstr. 137, 54347 Neumagen-Dhron, Tel. 065 07/65 55, www.neumagen-dhron.de, 1. Mai–23. Dez. Mo–Fr 9–12.30 und 14–16.30 (außer Mi), Sa 9–12, 27. Dez.–30. April Mo–Sa 9–12 Uhr

Das hat doch was: Genussfahrt auf dem Weinschiff Stella Noviomagi

In »Noviomagus Treverorum«, wie der Ort mit den schönen Bürgerhäusern und Winzerhöfen zur Römerzeit hieß, bauten die Römer schon vor 2000 Jahren Wein an. Bedeutendster Fund aus jener Zeit ist das Neumagener Weinschiff, das monumentale Grabmal eines reichen Weinhändlers, das sechs Ruderer, zwei Steuermänner, 22 Ruder und dahinter vier große Weinfässer zeigt. Ein Abguss des in Stein gehauenen Weinschiffes befindet sich an der Peterskapelle im Ort, das Original im Rheinischen Landesmuseum in Trier. Im Hafen von Neumagen-Dhron liegt ein hölzerner Nachbau, der im Sommer zum Einsatz kommt. Konstantin I. ließ im 4. Jh. ein mächtiges Kastell mit 14 Türmen und zwei Toren errichten. Beim Bau der Festungsanlage ver-

wendeten die römischen Baumeister für die Fundamente teils Grabmonumente, Skulpturen und Reliefs aus den vorangegangenen beiden Jahrhunderten. Im 19. Jh. stießen Arbeiter beim Ausbau der Moselstraße durch Neumagen-Dhron auf die Grundmauern des Kastells.
Archäologische Ausgrabungen, die daraufhin einsetzten, brachten unzählige Fragmente von Grabsteinen, Reliefs u.a. zutage, die in jahrelanger Kleinstarbeit zusammengesetzt wurden und heute im Rheinischen Landesmuseum bestaunt werden können.

Sehenswert

Weinschiff Stella Noviomagi

| Schiff |

Der hölzerne Nachbau des Römerschiffes liegt im Hafen von Neumagen-Dhron und ist die Touristenattraktion schlechthin. Unter dem Motto »Antike Schifffahrt erleben« legt das 18 m lange Boot von April bis Oktober zu weinkulturellen Rundfahrten ab. Bevor es allerdings in Begleitung von Gästeführern an Bord geht, werden die Teilnehmer im Infopavillon »Neumagener Weinschiff« mit einem Filmvortrag auf die 90-minütige Schifffahrt eingestimmt.
Rudern muss keiner auf der »Stella Noviomagi«, denn das Schiff ist mit Motoren ausgestattet, die für den nötigen Antrieb sorgen. Die Rundfahrten beginnen in der Regel samstags um 15.30 und sonntags um 10 Uhr. Von Ende Juni bis Anfang September finden mittwochs um 14 Uhr außerdem »Kelterfahrten« zur römischen Kelteranlage in Piesport statt. Da eine große Nachfrage sowohl für die Kultur- als auch die Kelterfahrten besteht, empfiehlt es sich, rechtzeitig im Voraus Karten zu reservieren.

■ Tickets: Touristeninformation www.neumagen-dhron.de, Erw. 18 €, Kinder 6–14 J. 9 €, im Preis für die Kelterfahrt ist ein Glas Wein enthalten

Restaurants

€–€€ | Brasserie Käpt'n Cook Traditionelle Küche, vielfältige Gerichte: Schnitzelvariationen, Steak, Fisch- und Pastagerichte, günstige Seniorenteller und Kindermenüs. Terrasse mit Blick auf den Jachthafen. ■ Moselstr. 1, 54347 Neumagen-Dhron, Tel. 06507/702082, www.brasserie-kaeptn-cook-neumagen.de, Mo–So 12–22 Uhr (Küche bis 21 Uhr)

16 Piesport

Das »Piesporter Goldtröpfchen« ist eine der bekanntesten Weinlagen der Welt

Information

■ Touristeninformation, Heinrich-Schmitt-Platz 1, 54498 Piesport, Tel. 06507/2027, www.piesport.de, Mai–Okt. Mo–Fr 8.30–12 und 14–17 (außer Mi), Sa 10–12, Nov.–April Mo, Di, Do, Fr 8.30–12 Uhr

Mit seinen über 430 ha Rebfläche gilt Piesport als die größte Weinbaugemeinde an der Mosel. Berühmt ist vor allem die Weinlage »Goldtröpfchen«, die 2018 ihren 150. Geburtstag feierte. Rieslinge aus dem imposanten 66 ha großen Goldtröpfchen sind weltweit so bekannt, dass auch Bösewicht »Goldfinger« im gleichnamigen James-Bond-Film es sich nicht nehmen ließ, seinem Gegenspieler 007 ein Piesporter Goldtröpfchen, Jahrgang 1953, zu servieren. Am Rande des Goldtröpfchens befindet sich die größte und eine der ältesten Kelteranlagen der Römer, die es nördlich der Alpen gab. Das Felsmassiv der Moselloreley ragt auf dem linken Ufer 85 m in die Höhe. Die »kleine Schwester« der des berühmten Loreley-Felsens am Rhein hat steile Hänge, an denen sich nur vereinzelt Weinberge befinden.

Sehenswert

Römische Kelteranlage

| Kelteranlage |

Entdeckt wurde die Kelteranlage aus dem 4. Jh. 1985 ganz zufällig im Zuge der Flurbereinigung. Zutage kam eine 44 mal 20 m große Anlage mit mehreren Kellerräumen und sieben Maischbecken unterschiedlicher Größe und einem Gesamtfassungsvermögen von 43000 l. Die Größe lässt darauf schließen, dass die Piesporter Rebfläche in jenen Tagen schon mindestens 60 ha umfasste. Eine Kelter wurde restauriert.

■ Ausoniusufer, 54498 Piesport,
Tel. 065 07/20 27, www.piesport.de,
frei zugänglich

Pfarrkirche St. Michael

| Kirche |

Wegen ihrer großartigen Deckenmalereien, dem »Piesporter Himmel«, ist die schmucke Rokokokirche überregional bekannt. Das Fresko zeigt die Himmelfahrt Mariens mit dem offenen Sarkophag und den zwölf Aposteln, den Sturz der Engel durch Erzengel Michael und den predigenden hl. Franz Xaver vor Indern und Afrikanern. Angefertigt wurde es 1778 vom Trierer Maler

Im Herbst leuchten die Reben rund um Piesport golden im Sonnenlicht

Johann Peter Weber, der mit dem damaligen Pfarrer der Kirche, Johannes Hau, im Clinch lag. Schuld war die schlechte Bezahlung. Weber rächte sich, indem er im Gemälde des Höllensturzes dem rückwärts herabstürzenden Teufel die Gesichtszüge des Pfarrers verpasste. Der Teufel schaut mit herausgestreckter Zunge geradewegs zum Hochaltar, wo der Pfarrer zelebriert. Dessen Initialen JH versteckte der Maler in den Rissen des Höllengesteins. Ob Pfarrer Hau sein Gesicht im Gemälde erkannte oder die Initialen entdeckte, ist nicht bekannt. Sich selbst stellte der Künstler fast nackt dar, wohl in Anspielung auf die mickrige Entlohnung.

■ St. Michaelsstr., 54498 Piesport, die Kirche ist tagsüber frei zugänglich

Weingut Reinhold Haart

| Weingut |

10 *Weine in bester Lage seit dem Mittelalter*

Das 1337 gegründete Weingut ist das älteste in Piesport und zählt europaweit zu den ältesten bürgerlichen Weingütern. Auf den 8 ha großen Weinbergen des Weingutes, das Partner von fair & green ist und für nachhaltigen Weinbau steht, wird ausnahmslos Riesling in Steillage angebaut. Aushängeschild des Hauses ist das bekannte Piesporter Goldtröpfchen, weitere Weinlagen sind beispielsweise Grafenberg, die kleine, nur 0,1 ha große Lage Kreuzwingert und der extrem steile Weinberg Ohligsberg. Das VDP-Mitglied (Verband Deutscher Prädikats- und Qualitätsweingüter) gehört zu den besten Weingütern an der Mosel und produziert 50 000 Flaschen im Jahr. Wie das Goldtröpfchen schmeckt, können Besucher bei einer Weinprobe in der hauseigenen Vinothek erfahren.

■ Ausoniusufer 18, 54498 Piesport, Tel. 065 07/20 15, www.haart.de, Mo–Fr 9–12 und 14–17, Sa 9–15 Uhr, Weinproben nach telefonischer Vereinbarung

ADAC Wussten Sie schon?

Es ist Pfarrer Johannes Hau zu verdanken, dass in den Weinbergen nur noch Rieslingreben gepflanzt wurden. 1763 überzeugte er die Piesporter davon, 24 Jahre später erließ der letzte Trierer Kurfürst und Erzbischof Clemens Wenzeslaus von Sachsen eine entsprechende Verfügung.

Kellerfest in Piesport

| Event |

Am ersten Oktoberwochenende feiert Piesport im historischen Klausenkeller ein kulinarisches Fest rund um den Wein, das mit Musik und einem Dämmerschoppen am Freitagabend beginnt. Auf dem Programm stehen am Samstag und Sonntag ein Weinbummel durch Piesport inklusive Weinproben, eine Goldtröpfchen-Tour, die große Rieslingweinprobe, eine römisch-kulturelle Weinwanderung und eine Führung durch die römische Kelteranlage.

■ Infos unter www.piesport.de

Restaurants

€–€€ | Altes Kelterhaus Hier gibt es die Piesporter Spezialität: Wildragout mit Spätzle und Salat. Ansonsten wird deftige Küche serviert, Grillgerichte, Fisch und Kinderteller. Außenbestuhlung. ■ St. Martinsstr. 33, 54498 Piesport, www.altes-kelterhaus.com, Tel. 065 07/ 700 10, Fr, Sa ab 17, So 11–14 und ab 17 Uhr

Bis heute besuchen unzählige Pilger jedes Jahr die Marien-Wallfahrtskirche

Wandern

Die Moselsteig-Etappe 10 Kesten/Osann-Monzel – Bernkastel-Kues gilt als mittelschwer und führt auf knapp 15 km über Felskliffs, berühmte Weinlagen und steile Hänge zur Burg Landshut. Unterwegs bieten sich immer wieder herrliche Blicke auf die Mosel.

■ Der Startpunkt Kesten liegt 10 Autominuten von Piesport entfernt.

17 Kloster Klausen

Der größte Wallfahrtsort von Rheinland-Pfalz geht auf das 15. Jh. zurück

Information

■ Pfarr- und Wallfahrtskirche Maria Heimsuchung: Augustinerplatz 2, 54524 Klausen, Tel. 06578/218, www.wallfahrtskirche-klausen.de, Mai–Sept. tgl. geöffnet

Dort, wo heute die Wallfahrtskirche Maria Heimsuchung steht, stellte der Legende nach der Tagelöhner Eberhard um 1440 ein kleines Marienbildnis in einen hohlen Baum, um dort auf dem täglichen Weg zur Arbeit in den Piesporter Weinbergen innezuhalten und zu beten. Eines Nachts erschien ihm die Hl. Maria und gebot ihm, an dem Ort eine Kapelle zu errichten. Die Herren von Etsch schenkten ihm dazu ein paar Quadratmeter Land, und Eberhard baute mit der Hilfe von ein paar Freunden eine kleine Kapelle. Ins Fenster stellte er ein größeres Marienbildnis, das er eigens dafür hatte anfertigen lassen. Daneben baute er eine kleine Hütte, in der er fortan als Einsiedler lebte. Die Leute gaben dem Ort den Namen Eberhardsklausen. Bald kamen die ersten Pilger, und da sich am Ort, so die Legende, immer wieder Wunder ereigneten, erlangte er über die Region hinaus Berühmtheit.

Weil der Pilgerstrom zunahm, entschloss sich Eberhard 1444, eine größere Kapelle mit einem Altar zu errichten. Als der Erzbischof von Trier die Bedeutung des neuen Marienheiligtums erkannte, beschloss er, eine Wallfahrtskirche zu bauen. Eberhard erlebte noch die Einweihung und starb 1451. Fünf Jahre später gründeten Augustiner-Chorherren der Windesheimer Kongregation Kloster Eberhardsklausen. 1502 wurde die heutige Wallfahrtskirche Maria Heimsuchung geweiht. Im 18. Jh. besaß das Kloster rund 350 000 Weinstöcke und war der fünftgrößte Weinbergbesitzer im Kurstaat Trier. Aufgrund der Besetzung durch die Franzosen wurde Eberhardsklausen 1802 säkularisiert. Die Klosterkirche wurde zur Pfarrkirche. Die Gebeine Eberhards ruhen in einem hölzernen Schrein unter dem Altar in der Gnadenkapelle.

Jährlich besuchen um die 120 000 Pilger und rund 700 organisierte Wallfahrtsgruppen den Ort.

18 Lieser

Dominiert wird der kleine Ort vom prachtvollen Schloss Lieser

Information

- Touristeninformation, Am Markt 38, 54470 Lieser, Tel. 065 31/87 46, www.lieser-mosel.de, Ostern–Nov. Mo–Fr 10–12 und 16–17.30, Sa 10–12, Winter Mo–Fr 10–12 Uhr

Lieser wurde nach dem gleichnamigen Fluss benannt, der westlich des Ortes in die Mosel mündet, und war schon

Im Schloss Lieser nächtigt man stilvoll und von Weinbergen umgeben

während der Römerzeit besiedelt. Bei Straßenbauarbeiten stieß man 2005 auf eine römische Kelteranlage am Moselufer, die nach einer Notgrabung aber wieder zugeschüttet wurde. Da Lieser an einem wichtigen Verkehrsweg lag, unterhielten die Grafen von Thurn und Taxis hier im 16. Jh. einen Posthof für Postkutschen auf der Route Brüssel-Augsburg-Innsbruck-Italien. Die barocken Gebäude im alten Posthof sind heute Wohnhäuser in Privatbesitz.

Sehenswert

Schloss Lieser

| Schloss |

11 *Das Gebäude gehört zu den versteckten Perlen an der Mosel*

Einst war es Familiensitz des rheinland-pfälzischen Industriellen Eduard Puricelli (1826–1893). Viel hatte er nicht von seinem stattlichen Zuhause, denn er starb sechs Jahre nach der Fertigstellung des Gebäudes. Erbin war seine Tochter Maria, die mit dem hohen preußischen Beamten Clemens Freiherr von Schorlemer-Lieser verheiratet war, von dem das Schloss seinen Namen hat.

Durch umfangreiche Umbauten und Erweiterungen im Jahre 1905 verpassten die beiden dem Schloss das Aussehen, das es heute hat: Der ältere Teil ist im Neorenaissance-Stil, der jüngere, etwas kleinere im Jugendstil gehalten. Anfang des 20. Jh. gingen illustre Gäste ein und aus, Kaiser Wilhelm II. und seine Söhne, Kronprinz Wilhelm und Prinz Oskar waren mehrmals bei den Schorlemer-Liesers zu Besuch. 1981 verkauften die Nachkommen der Familie das Schloss für 600 000 D-Mark an die Gemeinde Lieser, die es im selben Jahr unter Denkmalschutz stellte. Das prächtige Anwesen mit Türmchen, Erkern, Säulen und Balustraden stand in den folgenden Jahren leer und verfiel in einen 20-jährigen Dornröschenschlaf.

Erst 2001 erwarb es ein Investor für 2 Mio. Euro und verkaufte es sechs Jahre später für 1,2 Mio. an die niederländische Familie Killaars, die weitere 12 Mio. Euro für den Umbau in ein Schlosshotel investierte. Das Hotel sollte im Dezember 2016 seine Pforten öffnen. Da sich kein Betreiber für das geplante Luxushotel fand, stand das Schloss erneut zum Verkauf. 2018 übernahm die niederländische Odyssey Hotel Group das Hotel als Pächter und eröffnete es im August 2019.

■ Moselstr. 33, 54470 Lieser, Tel. 065 31/98 69 90, www.schlosslieser.de

19 Wittlich

Die Stadt in einem Mosel-Seitental verfügt über zwei einmalige Kunstmuseen

Information

■ Moseleifel-Touristik e.V., Marktplatz 5, 54516 Wittlich, Tel. 065 71/14 66 24, www.wittlicherland.de, Mo–Fr 9–17, Mitte Mai–Mitte Aug. auch Sa 10–17 und So 14–17 Uhr

Wittlich liegt an der Lieser, einem Zufluss der Mosel, und ist mit knapp 20 000 Einwohnern die größte Stadt zwischen Trier und Koblenz. Für alle Kunstinteressierten lohnt sich ein Abstecher – der Ort liegt von Lieser nur ungefähr 18 Autominuten entfernt. Und wer schon immer mal wissen wollte, wie der Alltag hinter Gittern aussieht, kann auch gleich im Knastmuseum »Probe sitzen«.

Sehenswert

Kunstmuseum Casa Tony M.

| Museum |

12 *Ganz schön wild, ziemlich bunt und überaus vielseitig*

Der in Wittlich geborene Maler und Cartoonist Tony Munzlinger, der heute in Italien lebt, schenkte der Stiftung Stadt Wittlich im Januar 2016 einen Großteil seiner Werke, die diese im eigens dafür geschaffenen Museum Casa Tony M. ausstellt. Gezeigt werden Cartoons, Gemälde und andere Werke des Künstlers. Damit Kinder sich nicht langweilen und auch etwas vom Museumsbesuch haben, wurde für sie der Raum »per bimbi« geschaffen, in dem sie sich karikierte Darstellungen aus bekannten Kinderbüchern anschauen und sich selbst als Künstler probieren können. Im Seefahrer-Fernsehzimmer werden die mehrteilige Abenteuerdokumentation »Unterwegs mit Odysseus« und der Zeichentrickfilm »Abenteuer mit Herakles« gezeigt, bei denen Munzlinger Regie führte und die Grafiken beisteuerte.

Das Museum ist in der Alten Posthalterei aus dem Jahr 1725 untergebracht, die bis 1854 als Poststation der Thurn & Taxis'schen Postroute zwischen Trier und Koblenz diente.

■ Marktplatz 3, 54516 Wittlich, Tel. 06571/171351, www.casatonym.de, Di–Sa 11–17, So 14–17 Uhr, Erw. 3 €, Kinder bis 18 J. frei

Städtische Galerie für Moderne Kunst

| Museum |

Das Alte Rathaus präsentiert seit 1994 in einer Dauerausstellung Werke des Malers, Zeichners und Grafikers Georg Meistermann (1911–1990), der neben Gemälden mehr als 1000 Glasfenster an rund 250 Orten in Europa schuf. Der Künstler stammte weder aus Wittlich, noch lebte er dort, hatte aber enge Beziehungen zur Stadt. Er entwarf 40 Glasfenster in elf Gebäuden, darunter die Kirche St. Markus. Für das Alte Rathaus schuf er 1954 Glasgemälde für vier Treppenhausfenster – es entstand das Werk »Die Apokalyptischen Reiter«. Meistermann vermachte der Stadt Wittlich seinen Nachlass.

■ Neustr. 2, 54516 Wittlich, Tel. 06571/146614, Mo–Fr 9–17, Sa 10–17, So 14–17 Uhr, 3 €

Justizvollzugsmuseum

| Museum |

Wie es hinter hohen Mauern und Stacheldraht zugeht, zeigt das »Knastmuseum« auf dem Gelände der Justizvollzugsschule Rheinland-Pfalz. Obwohl bereits 1999 eröffnet, ist es nicht sehr bekannt und zählt kaum mehr als 200 Besucher im Jahr. Anhand von zahlreichen Exponaten erfährt man, wie der Alltag hinter Gittern ist. Die eigens für das Museum eingerichteten Zellen haben Originalmaße und -ausstattung, Besucher dürfen hier »Gefängnis-Luft schnuppern«.

■ Trierer Landstr. 20, 54516 Wittlich, www.jvswt.justiz.rlp.de/de/justizvollzugsmuseum, Besichtigung nur nach telefonischer Voranmeldung unter 06571/996-1717

Restaurants

€€ | Restaurant Café Daus Umfangreiche Speisekarte; traditionelle und saisonale Fisch- und Fleischgerichte, aber auch vegetarische Speisen kommen hier auf den Teller. Allein das historische Ambiente ist einen Besuch

Auch als Ruine noch imposant: Schloss Veldenz

wert: Wittlicher Gemütlichkeit im Kaminzimmer unter einem Sandsteinbogen und Kölner Balkendecke oder bei Sonne im Gartenlokal. Das Restaurant ist seit dem 16. Jh. im Familienbesitz. ■ Karrstr. 19–21, 54516 Wittlich, Tel. 06571/91620, www.restaurant-daus.de, Do–Di 11–15 und 17–22.30 Uhr (warme Küche 11.30–14 und 17–21 Uhr)

ADAC Mobil

Der Salm-Radweg folgt dem Flussverlauf der Salm, vorbei an Wiesen und Feldern, Kirchen, Dorfplätzen, alten Schulen und Mühlen und endet an der Pfarrkirche in Klüsserath. Startpunkt des 17 km langen Radwegs ist Dreis, das 10 Autominuten von Schweich entfernt liegt. Die Tour ist einfach und für die ganze Familie geeignet.

20 Veldenz

Weinbau und lebendige Geschichte prägen den kleinen Mittelmoselort

Information

■ Verkehrsamt Ortsgemeinde Veldenz: Hauptstr. 25, 54472 Veldenz, Tel. 06534/1203, www.veldenz-mosel.de, Mo–Fr 9–12 Uhr

Veldenz mit seinen knapp 1000 Einwohnern war einst Hauptstadt der gleichnamigen Grafschaft, die zahlreiche Orte im heutigen Gebiet von Rheinland-Pfalz sowie im nördlichen Elsass und Lothringen umfasste. Stammsitz der Grafen von Veldenz war Schloss Veldenz, heute eine Ruine, aber durchaus sehenswert. Der von Weinbergen umgebene Ort liegt nicht direkt am Wasser, sondern zwei Kilometer landeinwärts in einem Seitental der Mosel und lohnt durchaus einen kleinen Umweg.

Sehenswert

Villa Romana

| Haus |

Im Keller des früheren katholischen Pfarrhauses aus dem Jahr 1820, das auf den Resten eines römischen Gutshofes errichtet wurde, befinden sich große Teile eines gut erhaltenen römischen Bades, die besichtigt werden können. Die Villa ist heute ein »Ort des Gastes«, der neben einem Museum mit Funden aus römischer Zeit und dem Mittelalter sowie einer Münzsammlung aus dem 16. Jh. eine Kultur- und Begegnungsstätte beherbergt, in der Ausstellungen, Konzerte und Lesungen stattfinden.

■ Hauptstr. 28, 54472 Veldenz, Tel. 065 34/181 56, www.veldenz-mosel.de, Mo–Fr 9–12 Uhr, Führungen nach Vereinbarung

Im Blickpunkt

Pfarreienweg in Veldenz

Die abwechslungsreiche Rundtour auf Schusters Rappen durch drei Bachtäler verbindet die Dörfer Veldenz, Thalveldenz, Gornhausen, Klaramühle, Hirzlei und Burgen, die zu einer gemeinsamen Pfarreiengemeinde gehören. Einkehrmöglichkeiten gibt es in Veldenz, Gornhausen und Burgen. Länge: 16,5 km, Dauer: 4 Stunden 30 Minuten. *Ausführliche Details unter www.bernkastel.de/aktivunterwegs (in den Untermenüs »Wandern an der Mosel« und »Ferienlandwege«)*

Schloss Veldenz

| Burganlage |

Die weitläufige Burgruine liegt außerhalb von Veldenz auf einem steilen Felsen oberhalb von Thalveldenz. Das gräfliche Schloss entstand im 12. Jh. und war die größte Burganlage an der Mittelmosel, bis französische Truppen sie 1681 weitgehend zerstörten. Seit 1807 befindet sich die Burg in Privatbesitz und wurde teilweise wieder aufgebaut. Hauptattraktion ist der Rittersaal, der rekonstruiert und mit großem Kamin, Ritterrüstungen, Truhen, Eichentischen und Radleuchter ausgestattet wurde, sodass er ein mittelalterliches Ambiente vermittelt. Im Untergeschoss der ehemaligen Kapelle befindet sich der Folterkeller, auch sonst gibt es auf der Anlage einiges zu bestaunen: Tore, eine Zisterne, das Burgwartshaus, eine Zwingeranlage und das ehemalige Palasgebäude.

■ Schloss Veldenz, 54472 Veldenz, Tel. 065 34/406 36, www.schlossveldenz.com, die Burg kann im Rahmen einer Führung besichtigt werden. Die Führungen finden von April bis Ende Okt. mittwochs um 15 Uhr statt. Erw. 5 €, Kinder frei

Heimatmuseum Bauernstuben

| Museum |

Mit alten Handwerken in Werkstätten von anno dazumal und alten Wohnräumen entführt das kleine Museum im Rathaus Besucher in längst vergangene Tage.

■ Hauptstr. 25, 54472 Veldenz, Tel. 065 34/12 03, Besichtigung auf Anfrage, Eintritt frei

Wein- und Heimatfest Veldenz

| Event |

Wenn die amtierende Weinkönigin am späten Donnerstagnachmittag des letzten Juliwochenendes den Festplatz eröffnet, ist das der Auftakt zu vier Tagen Weinproben, Livemusik, Tanz und leckerem Essen. Höhepunkt des Festes ist die jährliche Oldtimersternfahrt durch das Moseltal. Auch Kinder kommen nicht zu kurz – für die Kleinen gibt es eine Hüpfburg und ein Kinderkarussell.

■ www.veldenz-mosel.de

Restaurants

€€€ | Rittersturz – Rendezvous mit Genuss Idyllischer geht's fast nicht: Das Restaurant liegt am Fuße von Schloss Veldenz inmitten von Wiesen. Küchenchef Volker Kruft zaubert kreative Speisen mit mediterranen Nuancen und verwendet dabei hauptsächlich lokale und saisonale Produkte.

■ Veldenzer Hammer 1, 54472 Veldenz, Tel. 06534/18292, www.rendezvousmitgenuss.de, Mi–Sa ab 18, So ab 12 Uhr

Das pittoreske Bernkastel-Kues, standesgemäß mit Weinbergen und Burgruine

21 Bernkastel-Kues

Mittelalter-Romantik pur: Fachwerkhäuser und gemütliche Weinstuben

Information

■ Mosel-Gäste-Zentrum: Gestade 6, 54470 Bernkastel-Kues, Tel. 06531/500190, www.bernkastel.de, Mo–Fr 9–17, Sa 10–15 Uhr

■ Parken siehe S. 123

Der Geburtsort des berühmtesten Theologen und Philosophen des Spätmittelalters, Nikolaus von Kues, ist das Herz der Mittelmosel. Rund 1,5 Mio. Besucher strömen jährlich durch die mittelalterlichen Gassen des kleinen Städtchens, das weniger als 8000 Einwohner zählt. Bernkastel, der Stadtteil mit der historischen Altstadt voller Fachwerkhäuser, liegt auf der Hunsrücker Seite der Mosel. Man nimmt an, dass der Name des Ortes auf ein römisches Kastell aus dem 4. Jh. zurückgeht, das sich dort befand, wo heute die Burgruine Landshut steht. Dieses hieß Princastellum, wie aus dem Beleg eines Geografen aus dem 7./8. Jh. hervorging. Über den späteren Namen Beronis castellum gibt es verschiedene Theorien, eine hat mit einem Bären zu tun, letztendlich weiß man aber nicht, wie das »Bern« zum »Kastel« kam. Der Name des auf der gegenüberliegenden Moselseite gelegenen Stadtteils Kues soll vom keltischen Wort Kus kommen, das rund oder krumm bedeutet und sich eventuell auf den Flusslauf bezieht. Auf die Burg Landshut aus dem 13. Jh. hat man von der Brücke nach Kues einen fantastischen Blick. In den Weinbergen über dem Ort wird einer der berühmtesten Rieslinge der Welt angebaut, der sogar einen akademischen Titel hat: der »Bernkasteler Doctor«. Als der schwer erkrankte Erzbischof und Kurfürst von Trier Boemund II. (14. Jh.) während eines Aufenthaltes auf Burg Landshut den Wein trank und unmittelbar darauf genas, hatte der Wein seinen Namen weg. So die Legende. Bis heute gehört die Weinlage Bernkasteler Doctor zu den teuersten der Welt.

Sehenswert

Historischer Marktplatz

| Marktplatz |

Fast jedes der verschachtelten, teils steilen Gässchen im Stadtteil Bernkastel führt zum Marktplatz, dessen Prunkstück der St. Michaelsbrunnen aus dem Jahr 1606 ist. Rings um den historischen Platz stehen reich verzierte, über 300 bis 500 Jahre alte Giebelfachwerkhäuser, unter denen das Spitzhaus gleich hinter dem Brunnen besonders hervorsticht, da es schräg auswölbend nach oben wächst und dadurch etwas windschief wirkt. Mit über 600 Jahren gilt es als das älteste Haus im Ort. Ein Hingucker ist das Renaissance-Rathaus von 1608, das in alten Zeiten auch Gerichtsstätte war. Am linken Eckpfeiler der Fassade sieht man noch den Pranger, die öffentliche Schandsäule, an die Übeltäter mit Ketten und Handschellen gefesselt wurden und die Schmach der Bevölkerung ertragen mussten. »Hochgerichtliche Straff und bürgerliche Züchtigung« lautet die Inschrift.

ADAC Spartipp

Übernachtungsgäste erhalten für die Dauer Ihres Aufenthalts von ihrem Gastgeber die Gästekarte. Sie gewährt Ermäßigungen bei Ausflugs- und Rundfahrten, darunter auch die Fahrt mit dem römischen Weinschiff in Neumagen-Dhron, Prozente beim Fahrradverleih, bei Weinproben, in Geschäften etc.
Info: www.bernkastel.de/gaestekarte

Burg Landshut

| Burg |

Die Burgruine, die hoch über Bernkastel thront, wurde um 1276 im Auftrag des Trierer Erzbischofs Heinrich von Finstingen errichtet. 1692 fiel sie einer verheerenden Feuersbrunst zum Opfer und wurde weitgehend zerstört, danach aber nicht wieder aufgebaut. Die Ruine ist seit 1920 im Besitz der Stadt. Nach langjährigen Renovierungsarbeiten öffnete sie 2019 wieder ihre Tore. Die Öffnungszeiten sind an die des Restaurants Burg Landshut gebunden. Allein die Aussicht über Bernkastel-Kues und die Mosel vom über 230 m hohen Burgberg lohnt den Aufstieg!

■ Am Burgberg 1, 54470 Bernkastel-Kues, www.burglandshut.com, tgl. 12–21 Uhr, Eintritt frei. Zu Fuß ab Marktplatz ca. ½ Stunde, oder mit dem Burg-Landshut-Express, der von April bis Okt. jede volle Stunde ab 11 (letzter Bus 17 Uhr) »Am Gestade« (gegenüber Doctorbrunnen) abfährt. Burgführung sonntags 11.30 Uhr, Treffpunkt: Aufzug an der Burg, Dauer 45 Min., vorherige Anmeldung im Mosel-Gäste-Zentrum notwendig, 9 €, mit Gästekarte kostenlos

Auch rund um die Burg Landshut wird Wein angebaut

Weinkulturelles Zentrum

| Museum |

13 *Multimediale Präsentation der Weinkulturlandschaft Mosel*

Das Moselweinmuseum im historischen Gebäude des Cusanus-Stifts entführt Besucher in eine virtuelle Weinwelt. 20 multimediale Stationen mit Animationen, Filmen und unzähligen Informationsseiten vermitteln Wissen über die älteste Weinbauregion Deutschlands, den Steillagenweinbau und die Arbeit im Weinberg, die verschiedenen Rebsorten, das Prozedere von der Traube zum Wein, die Weinlagerung, die Weinkultur und vieles mehr. Zudem werden Begriffe wie »dekantieren« und »Terroir« erklärt. Zur Einführung gibt es auf einem Bildschirm einen Rundflug über das Weinbaugebiet, Platz genommen wird auf ausrangierten Flugzeugsitzen. Landschaftsfotos in Form von Flugzeugfenstern neben den Sitzen vermitteln den Eindruck, als befände man sich tatsächlich in der Luft. Originell ist die Geruchsaroma-Bar, welche die verschiedenen Gerüche der Moselweine widerspiegelt, die man anschließend in der Vinothek des Weinkulturellen Zentrums in den historischen Gewölbekellern des St.-Nikolaus-Hospitals probieren kann. Dazu stehen über 160 Weine zur Auswahl.

■ Cusanusstr. 2, 54470 Bernkastel-Kues, Tel. 06531/4141, www.moselweinmuseum.de, April–Okt. tgl. 10–18, Weinprobe bis 17 Uhr, Nov.–Dez. tgl. 11–17, Feb., März Mo–Sa 11–17 Uhr, Jan., Fei geschl., Erw. 5 €, Kinder bis 12 J. frei, bis 18 J. 3 €. Der Eintritt in den Gewölbekeller ist kostenlos, die Weinprobe kostet jedoch 18 € – dafür darf tatsächlich von jedem der 160 Weine gekostet werden.

Im Blickpunkt

Nikolaus von Kues

Geboren wurde der Universalgelehrte 1401 als Nikolaus Cryfftz, später nannte er sich Nicolaus de Cusa, Papst Pius II. gab ihm 1440 den Namen Cusanus. Der Sohn eines wohlhabenden Kaufmanns immatrikulierte sich bereits als Fünfzehnjähriger an der Universität Heidelberg, ging ein Jahr später nach Padua zum Studium der Rechte und des Kirchenrechts, das er 1423 mit der Promotion zum »doctor decretorum« abschloss. Des Studiums nicht genug, zog es den bildungshungrigen Nimmersatt nun an die Universität Köln, wo er Philosophie und Theologie studierte, sich aber auch für Astronomie, Mathematik und Medizin interessierte. Tatsächlich hat sich Nikolaus von Kues mit allen Wissensgebieten außer der Kunst und Musik befasst. Als Philosoph lehrte er als Erster die Unendlichkeit der Welt und leitete damit über zur mathematischen Wissenschaft der Neuzeit, und als Kardinal der römischen Kirche setzte er sich für die Einheit und Erneuerung der Kirche ein. Als Jurist forderte er eine einheitliche Gerichtsbarkeit sowie ein stehendes Reichsheer zur Exekution der Gesetze. In seinem Werk »De pace fidei« (Der Friede im Glauben) zeigt sich Cusanus als religiöser Vordenker. Er philosophiert darüber, dass Gott die Menschen deshalb in der Verschiedenheit geschaffen hat, damit sie ihn auf verschiedene Weise erkennen und ergo die diversen Formen der Gottesverehrung von Gott gewollt sind. Gewalt gegen Andersgläubige lasse sich deshalb nicht rechtfertigen. Während seines Lebens fungierte Cusanus als Kardinal, päpstlicher Legat, Fürstbischof von Brixen und Generalvikar in Rom. Er starb 1464 in Todi in der Region Umbrien und wurde in Rom in der Kirche San Pietro in Vincoli beigesetzt. Sein Herz wurde auf seinen Wunsch in der Kapelle des St.-Nikolaus-Hospitals bestattet.

Cusanus-Geburtshaus

| Museum |

14 *Nikolaus von Kues – der Stephen Hawking des Mittelalters*

Wie zu Zeiten des Nikolaus von Kues sieht das Gebäude längst nicht mehr aus, denn es wurde bereits 1570 grundlegend erneuert. Im Dezember 1980 wurde das Geburtshaus des Gelehrten als Museum eröffnet und zeigt seitdem die Ausstellung »Nikolaus von Kues – Leben und Werk im Bild«. An Wandtafeln werden anhand von Bildern, Reproduktionen, Texten und Urkunden das Werk und die wichtigsten Ereignisse im Leben des berühmten Humanisten, Theologen und Philosophen dargestellt.

■ Nikolausufer 49, 54470 Bernkastel-Kues, Tel. 06531/2831, www.nikolaus-von-kues.de, Ostersamstag–31. Okt. Di–Sa 11–17, So 11–14, 1. Nov.–Karfreitag Di–Sa 13–17, So 11–14 Uhr, Erw. 4 €, erm. 3 €

Oldtimer-Museum im Zylinderhaus

| Museum |

Besucher erwartet auf drei Ausstellungsebenen eine Zeitreise durch

90 Jahre deutsche Automobilgeschichte. Über 100 hochglanzpolierte Fahrzeuge glänzen in dem 2017 eröffneten Museum um die Wette, darunter die BMW Isetta, das Gogomobil, der luxuriöse Horch 8-Zylinder aus dem Jahr 1937, ein DKW Monza, der erste Sportwagen aus Kunststoff, sowie die Klassiker Opel und Mercedes und viele mehr. Ältester Wagen ist der DIXI 3/15 PS Typ DA 1 aus dem Jahr 1928, der erste PKW von BMW.
Nicht nur Autos können bestaunt werden, auch historische Motorräder und Transporter parken in den Hallen. Passend zu den Fahrzeugen aus den Wirtschaftswunderjahren wurden ein Tante-Emma-Laden und eine Aral-Tankstelle aus jener Zeit nachgebaut.

■ Adolf-Kolping-Str. 2, 54470 Bernkastel-Kues, Tel. 06531/9737776, www.zylinderhaus.com, Di–Sa 10–18, So 10–17 Uhr, Erw. 12,50 €, Kinder bis 12 J. 9 €, unter 6 J. frei

Parken

Parkplätze befinden sich an beiden Moselufern (Parkplatz P3 am Bernkasteler Moselufer und Parkplatz P2 am Nikolausufer in Kues), im Altstadtparkhaus Cusanusstraße, Siemensstraße und Friedrichstraße in Kues und an der ehemaligen Jugendherberge. Folgen Sie dem Parkleitsystem. Mehrtages- und Dauerparktickets sind im Mosel-Gäste-Zentrum, Gestade 6, erhältlich.

Restaurants

€–€€ | Alt Bernkastel Liebevoll zubereitete Gerichte aus frischen regionalen Zutaten, dazu Moselwein aus dem

Für Autofans und Nostalgiker gleichermaßen spannend: das Oldtimer-Museum

Familienweingut Kilburg in Brauneberg. ■ Burgstr. 81, 54470 Bernkastel-Kues, Tel. 06531/972 91 23, www.altbernkastel.de, Mo, Mi–Sa 12–21, So 12–20 Uhr

€–€€ | Riva Lecker italienisch schlemmen in stilvollem Ambiente mit Blick auf die Mosel. Gäste dürfen ihren eigenen Wein mitbringen, wofür allerdings ein Korkgeld von 12,90 € pro Flasche fällig wird – abhängig von den Preisen für Flaschenweine auf der Karte kann sich das durchaus rechnen. ■ Gestade 3, 54470 Bernkastel-Kues, Tel. 065 31/971 68 50, www.riva-bernkastel.de, Di–So 12–14.30 und 17.30–22.30 Uhr

Cafés

€ | Café Hansen Kaffee, Kuchen, leckere Torten und köstliche hausgemachte Pralinenkreationen werden hier angeboten. Das Café in einem hübschen Jugendstilhaus am Markt befindet sich bereits seit 1911, also schon über 100 Jahre, im Besitz der Familie Hansen. Außenbestuhlung. ■ Am Markt 26, 54470 Bernkastel-Kues, Tel. 065 31/22 15, www.cafehansen.de, Mi–Sa 10–18.30, So 11–18.30 Uhr

Einkaufen

Bonbon Willi In der historischen Bonbonmacherei werden Bonbons wie vor 100 Jahren hergestellt, mit etwas Glück kann man sogar Zuckerbäckermeister Willi Maas bei der Arbeit zuschauen. Und wenn nicht, ein originelles Mitbringsel sind Weinbonbons von der Mosel allemal. ■ Burgstr. 8, 54470 Bernkastel-Kues, Tel. 065 31/97 31 41, www.bonbon-willi.de, tgl. 11–18 Uhr

Seit Jahrhunderten markiert die Zeltinger Sonnenuhr die gleichnamige Weinlage

22 Zeltingen-Rachtig

Das gibt's nur hier: ein Winzerdorf mit seiner eigenen Operette

Information

■ Touristeninformation: Uferallee 13, 54492 Zeltingen-Rachtig, Tel. 06532/2404, www.zeltingen-rachtig.de, April–Okt. Mo–Fr 9–12 und 14–17, Mai–Okt. auch Sa 9–12, Nov.–März Mo, Di, Do, Fr 9–12 Uhr

Umgeben von Weinbergen liegt die Doppelgemeinde in der großen Moselschleife zwischen Bernkastel-Kues und Traben-Trarbach. Die bekannteste Weinlage vor Ort ist die Zeltinger Sonnenuhr. Der Weinberg ist von einem Ausflugsschiff auf der Mosel nicht zu übersehen, da zwischen den Reben eine monumentale Sonnenuhr herausragt, das Wahrzeichen des Ortes. Sie wurde 1620 von einem Abt des Klosters Himmerod erbaut. Eine 2010er Trockenbeerenauslese der Lage Zeltinger Sonnenuhr erzielte bei einer Versteigerung im Herbst 2013 einen Flaschenpreis von 3875 Euro.

Berühmt ist der Ort für die Operette »Zeltinger Himmelreich«. Der Solinger Werner Stramm komponierte die nach einer Weinlage benannte volkstümliche Operette 1955. Stramm, eigentlich Polizeikommissar, war der Gewinner eines Wettbewerbs, den die Gemeinde 1953 für ein Lied ausgeschrieben hatte, das für den örtlichen Wein werben sollte. Er gewann mit dem Walzer »Zeltinger Himmelreich, du bist dem Himmel gleich«. Später machte er daraus die Operette.

Das Musikstück wurde 1955 auf dem historischen Marktplatz in Zeltingen von Laiendarstellern uraufgeführt. Die fiktive Handlung spielt im Jahr 1780: Die Doppelgemeinde gehört zum Kurfürstentum Köln und ist verpflichtet, dem Kurfürsten jährlich den Zehnten in Form von Wein zu liefern. Die Einwohner weigern sich eines Tages und lassen dem Landesherrn ausrichten, dass der Wein dieses Jahr sauer wie Essig sei. Um das zu überprüfen, schickt der Kurfürst einen Gesandten in den Ort. Dieser verliebt sich in die Zeltinger Winzertochter Rosemarie, diese aber wiederum liebt den armen Rachtiger Winzer Franz. Dann beginnen die Komplikationen …

Restaurants

€–€€ | Die Sonnenuhr Hier dürfen alle schlemmen, die sich fleischfrei und ohne tierische Produkte ernähern: gebratene Lupinenfilets, geschmorte Kidneybohnen-Rouladen, Pilzplatten, geräucherte Avocados, leckere Vorspeisen, Suppen und Überraschungsmenüs. Das Restaurant befindet sich in Deutschlands erstem veganen Hotel, dem Nicolay 1881. ■ Uferallee 7, 54492 Zeltingen-Rachtig, Tel. 06532/5003999, www.hotel-nicolay.de/restaurants/sonnenuhr, Mi–Sa 12.30–14.30 und 18.30–21, So 18.30–21 Uhr, sonntags ist vormittags Vegan-Brunch-Day

Events

Operettenfestspiele Die Freilichtaufführung der Operette findet alle zwei Jahre (ungerade Jahreszahlen) auf dem mittelalterlichen Marktplatz in Zeltingen mit Laiendarstellern aus der einheimischen Bevölkerung statt. 2025 ist es wieder so weit. ■ Verkehrsbüro Zeltingen-Rachtig, www.zeltingen-rachtig.de

23 Traben-Trarbach

Jugendstilperle mit prächtigen Gründerzeitbauten und Belle-Époque-Villen

Information

- Touristeninformation, Am Bahnhof 5, 56841 Traben-Trarbach, Tel. 065 41/839 80, www.traben-trarbach.de, Jan.–März Mo, Di, Do, Fr 10–14, April Mo–Fr 10–16, Mai–Okt. Mo–Fr 9–17, Sa 9–13, Nov., Dez. Mo, Di, Do, Fr 11–14 Uhr
- Parken siehe S. 130

Der florierende Weinhandel machte das Jugendstilstädtchen um 1900 nach Bordeaux zum zweitgrößten Weinumschlagplatz in Europa. Es gab damals rund 100 Kellereien in dem kleinen Ort, die ihren Wein in die ganze Welt exportierten. Der Moselwein war sprichwörtlich in aller Munde. Den Winzern bescherte er ein Vermögen. Dass der Weinhandel so florierte, lag vor allem daran, dass Traben-Trarbach eine protestantische Enklave im katholischen Erzbistum Trier war und ausgezeichnete geschäftliche Kontakte mit ihren Glaubensbrüdern in England und den Niederlanden pflegte. Den Katholiken war der Handel mit dem »flüssigen Gold«, wie man den Riesling nannte, verboten.

Die Häuser des Ortes sollten den Reichtum widerspiegeln, weshalb man Bruno Möhring, einen der bedeutendsten Architekten des Jugendstils in Deutschland, mit dem Bau entsprechender Gebäude und Villen beauftragte. In den Jahren darauf entstanden Jugendstilbauten mit prächtigen Fassaden, Erkern und Türmchen, die das Stadtbild neben historischen Fachwerkhäusern prägen.

Sehenswert

Buddha-Museum

| Museum |

6 *Ein Hauch von Fernost: 20 000 Buddhas am Moselufer*

Die Buddha-Skulpturen, von denen die ältesten aus dem 1. Jh. stammen, kommen aus Burma, China, Indien, Kambodscha, Japan, Laos und Thailand. Sie residieren im Jugendstilgebäude der ehemaligen Weinkellerei Julius Kayser, die dort bis Mitte der 1980er-Jahre Wein abfüllte und lagerte. Die Skulpturen sind der Sammelleidenschaft des Mainzer Unternehmers Wolfgang Preuß zu verdanken, der die Buddhas in 20 Jahren zusammengetragen hat. Auf drei Ebenen präsentiert sich dem Besucher seit Dezember 2008 eine faszinierende Sammlung aus den verschiedensten Epochen und Materialien. Die Buddhas sitzen, stehen, liegen oder schreiten, sind von winzig bis riesig. Die größte Figur ist knapp zwei Meter hoch und wiegt zwei Tonnen. Zur Ausstellungsfläche gehören ein Shop mit Buddha-Figuren, DVDs und Literatur über den Buddhismus, ein Café, ein Innenhof und ein großer Dachgarten, der einen fantastischen Blick über den Ort, die Mosel und die Grevenburg bietet.

- Bruno-Möhring-Platz 1, 56841 Traben-Trarbach, Tel. 065 41/816 51 80, www.buddha-museum.de, Anf. April–Ende Okt. Di–So 10–18 Uhr, Erw. 15 €, erm. 8 €, Kinder 7,50 €, unter 6 J. frei

Schuhstyling-Museum

| Museum |

Hier erfahren Sie alles über das 344 Jahre alte Kunsthandwerk des Schuheputzens. ■ Bahnstr. 37, 56841 Traben-Trarbach, www.schuhstylingmuseum.com, Di–Sa 11–17 Uhr

Im Blickpunkt

Jugendstil in Traben-Trarbach

Was einen Berliner Stararchitekten in die Provinz an der Mosel führte? Traben-Trarbach hatte 1897 einen Wettbewerb zum Bau einer Moselbrücke ausgeschrieben, die Traben mit Trarbach verbinden sollte. Bruno Möhrings Entwurf gewann. Der eiserne Bogen über die Mosel war 1899 fertiggestellt, und das mit Jugendstilelementen verzierte prächtige Brückentor ist heute das Wahrzeichen des Doppelortes. Nun hagelte es für Möhring Aufträge aus Traben-Trarbach. Als erstes Gebäude entstand von 1901–03 das Hotel Clauss-Feist, heute das Hotel Bellevue, das wohl schönste Jugendstilhotel des Landes, das bald zum ersten Haus an der Mosel avancierte und von seiner Pracht bis heute nichts eingebüßt hat. Zu den illustren Gästen zählten der Baron von Thyssen, der Freiherr von Richthofen, Graf Anhalt und der Schauspieler Heinz Rühmann. 1904 folgte die Villa Huesgen (Am Bahnhof 50) mit 70 Zimmern, ein Juwel des Jugendstils und noch immer Familien- und Firmensitz der Weinhändlerfamilie Huesgen. Zwei Mio. Goldmark soll der Bau gekostet haben, damals ein unvorstellbares Vermögen. Bis 1906 entstanden nach Möhrings Entwürfen die Villa Gustav Breucker (heute Nollen, An der Mosel 7) und die Großkellerei Julius Kayser, die heute das Buddha-Museum beherbergt. Zu Ehren von Prof. Bruno Möhring wurde 2003 ein Gedenkstein am Moselufer Traben aufgestellt.
Von Mai bis Ende Oktober findet an jedem 1. und 3. Sonntag im Monat um 11 Uhr die Jugendstilführung »Weinarchitektonischer Spaziergang« statt. Dauer ca. 1¾ Stunden, Preis 15 € p.P., inkl. Secco-to-go, Weinglas und Glashalter, Kinder 6–15 J. 6 €, Treffpunkt: Platz vor der Touristeninformation.

Mittelmosel-Museum

| Museum |

15 *Gelebte Geschichte aus zwei Jahrhunderten*

Die imposante Barockvilla, die der wohlhabende Kaufmann Johann Adolph Böcking 1750 errichten ließ, hat so einige Gäste mit Rang und Namen kommen und gehen sehen: Goethe, den preußischen König Friedrich Wilhelm, die eingeheiratete Industriellenfamilie Krupp und andere. Die wertvolle Einrichtung aus den Anfangstagen ist erhalten geblieben, und wenn man durch die Zimmer, die rechts und links vom Flur abgehen, schreitet, hat man das Gefühl, als würde gleich ein Bewohner aus jenen Tagen durch die Tür kommen. Die Zeit scheint stehen geblieben zu sein. Im Hochparterre befindet sich das Goethezimmer – der Dichter weilte 1792 als Gast der Familie im Haus. Die spannende Zeitreise führt durch Schlafgemächer, feine Salons, Herrenzimmer, Musikzimmer, den mit 1100 Delfter Fliesen geschmückten Speisesaal, eine Apothekeneinrichtung aus dem 19. Jh., die Küche und Gesindestuben der damaligen Zeit und ein Kontor. Die Wände sind gespickt mit Gemälden, bemerkenswert ist die Kurfürstensammlung im Flur der ersten Etage. Im dritten Stock befinden sich Funde aus der Kelten-, Römer- und Frankenzeit, historische Ritterrüstungen und Speere,

Blick auf Traben-Trarbach, oberhalb des Ufers befindet sich die Ruine Grevenburg

ein großes Modell der Grevenburg und antike Siegel. Das Dachgeschoss ist der Wohnkultur der einfachen Leute gewidmet. Hier befinden sich Alltagsgegenstände, Werkstätten und eine Spinnstube.

■ Barockvilla Haus Böcking, Casinostr. 2, 56841 Traben-Trarbach, Tel. 065 41/94 80, www.mittelmosel-museum.de, Ostern–1. Nov. Di–Fr 10–17, Sa, So 12–16 Uhr, Erw. 3 €, Kinder 6–18 J. 1,50 €, Familien 7,50 €

Haus der Ikonen

| Museum |

16 *Lebenswerk und Vermächtnis eines staatenlosen Künstlers*

Ausgestellt sind über 100 Werke des exilrussischen Ikonografen Alexej Saweljew (1920–1996), der 1942 nach Berlin floh und seine letzten Lebens- und Schaffensjahre an der Mosel verbrachte. Er verfügte vor seinem Tod die Übertragung seiner Ikonen an die Stadt Traben-Trarbach. Neben den Werken Saweljews werden in Wechselausstellungen russische Ikonen aus verschiedenen Epochen gezeigt. Ein Lesezimmer informiert über sein Leben, im zweiten Stock bietet die Werkstatt eines Ikonenschreibers Besuchern die Gelegenheit, sich mit der speziellen Arbeitsweise der Ikonografie vertraut zu machen. Saweljews handwerklicher Nachlass dient hier als Einrichtung. Mehrmals im Jahr werden Ikonen-Malkurse angeboten.

■ Mittelstr. 8, 56841 Traben-Trarbach, Tel. 065 41/81 24 08, www.haus-der-ikonen.de, 1. April–1. Novemberwochenende Fr–So 12–16 Uhr, Erw. 3 €, erm. 1,50 €, Familien 7,50€

Zeitreise-Museum

| Museum |

Im ehemaligen Festsaal des Hauses am Stadtturm können Besucher in längst vergangene Tage eintauchen. Die vielfältige Ausstellung zeigt historische Fahrräder, antikes Spielzeug, Puppen und Puppenhäuser, Möbel, Mode und Technik aus den 1950er-Jahren und vieles mehr. Im Erdgeschoss befindet sich ein hübsches Weincafé, das neben Kaffee und Kuchen auch ein reichhaltiges Frühstück, moseltypische Gerichte und wechselndes Tagesessen anbietet.

■ Moselstr. 2 (Zugang durch das Wein-Café), 56841 Traben-Trarbach, Tel. 065 41/814 58 66, www.haus-am-stadtturm.de/zeitreisemuseum, Sa, So 10–12 Uhr sowie nach Vereinbarung, der Eintritt ist für Hausgäste frei

Ruine Grevenburg

| Museum |

Die Ruine der einst mächtigen Burganlage thront hoch über Trarbach und ist vom Moselufer in Traben nicht zu übersehen. Errichtet wurde die Burg 1350 von Graf Johann III. von Sponheim. Nach dem Aussterben der Sponheimer im 15. Jh. wurde sie Sitz des Oberamtsmannes und in den nachfolgenden Jahrhunderten immer wieder belagert und erobert. Es war ein Kommen und Gehen europäischer Heere. Während des Dreißigjährigen Krieges wurde sie zuerst von spanischen, dann von schwedischen Truppen besetzt. 1680 nahm Ludwig XIV. die Burg ein und ließ sie vom französischen Baumeister Vauban ausbauen und modernisieren. Im Spanischen Erbfolgekrieg eroberten die Franzosen sie 1702 erneut, zwei Jahre später bezwang der hessische Erbprinz Friedrich die Burg, wurde aber von den Holländern vertrieben, die sie im Frieden von 1714 Trier überließen. Zur Ruhe kam die Grevenburg nicht, denn im Polnischen Erbfolgekrieg kamen die Franzosen wieder, die sie nach kurzer Belagerung 1734 sprengten. Überbleibsel sind die westliche Fassade des Kommandantenhauses und ein paar Mauerreste. Auf dem Gelände der Ruine befindet sich die Burgschenke Grevenburg, die kleine Gerichte und Kaffee und Kuchen serviert. Auch wenn kaum noch etwas von der Burg übrig ist, lohnt sich ein Aufstieg, allein schon wegen des spektakulären Blicks über Traben-Trarbach und die Moselschleife.

■ Burgschenke Grevenburg, Schlossberg, 56841 Traben-Trarbach, Tel. 065 41/ 81 57 0 50. Wenn die Fahne an der Burg gehisst ist, ist die Burgschenke geöffnet.

Parken

Im Stadtteil Traben befinden sich einige kostenfreie Parkplätze am Moselufer sowie ein kostenpflichtiger Parkplatz am Bahnhof. In Trarbach, dem anderen Ortsteil, gibt es ebenfalls kostenfreie Parkplätze am Moselufer und am Weihertorplatz und einen kostenpflichtigen Parkplatz unterhalb der Brücke.

Restaurants

€–€€ | Alte Zunftscheune Hier isst das Auge mit. Die alte Weinabfüllhalle, die zu einer wunderschönen Scheune mit Empore umfunktioniert wurde, erinnert mit einer Sammlung von Geräten und Gebrauchsgegenständen an ein Museum. Auf der vielseitigen Karte des Erlebnisrestaurants steht Deftiges, Mediterranes, aber auch Vegetarisches. ■ Neue Rathausstr. 15, 56841 Traben-Trarbach, Tel. 065 41/97 37, www.zunftscheune.de, Mi–So ab 17, So zusätzl. 12–15 Uhr

€€ | Historische Stadt-Mühle Authentisch essen bei moselländischem Flair. In den historischen Gemäuern der alten Mühle aus dem 17. Jh. werden neben typischen Moselspezialitäten auch Fischgerichte, Steaks und Käseplatten angeboten. Außerdem gibt es einen Weingarten mit Innenhof. ■ Weihertorplatz 1, 56841 Traben-Trarbach, Tel. 065 41/818 87 77, www.stadt-mühle.de, tgl. 12–22 Uhr

Kinder

Mosel Adventure Forest Mit einem Waldseilgarten mit über 240 Kletterelementen und Kinderparcours, Seilkutschenstrecke, Kletterzentrum und

Spielmöglichkeiten bietet der Kletterpark Spaß für Groß und Klein. ■ Mont Royal, 56841 Traben-Trarbach, Tel. 0175 3239895, www.adventureforest.de. Die Öffnungszeiten sind nach Jahreszeiten gestaffelt und ändern sich häufig, bitte Website konsultieren. Tageskarte Erw. 40,50 €, erm. 37,50 €, Kinder 8–13 J. 30 €, 5–7 J. 22,50 €. Kartenzahlung ist nicht möglich!

ADAC Mobil

Auf dem Wasser nach Bernkastel-Kues und zurück ist die Landschaft noch mal so schön, ganz besonders auf dem Oberdeck bei einem Glas Moselwein. Weinberge rechts und links des Ufers, vorbei an malerischen Winzerörtchen und steilen Hanglagen. Das Schiff legt mehrmals täglich in Traben-Trarbach ab und kommt zwei Stunden später in Bernkastel-Kues an.
www.moselrundfahrten.de

Friedliches Miteinander: Kanuten und Ausflugsschiffe bei Traben-Trarbach

Sport

Hunsrück-Mosel-Radweg Startpunkt für die Tour ist der Hunsrück-Radweg in Büchenbeuren (22 km südöstlich von Traben-Trarbach). Die abwechslungsreiche Strecke führt auf einer Länge von rund 60 km über die Hunsrückhöhen auf Forst- und Radwegen ins Moseltal nach Treis-Karden. In Richtung Tal ist der Radweg gut zu bewältigen, von der Mosel hoch in den Hunsrück geht es zunächst ziemlich bergan. Der westliche Teil des Weges verläuft über die abgeflachten Hunsrückhöhen entlang der Wasserscheide von Nahe und Mosel. Dann geht es ruhig und verkehrsfern vom Hunsrück an die Mosel. Teils im Tal, teils auf der weiten Höhe fährt man von Kastellaun durch Mannebach, Sabershausen an Petershäuserhof vorbei bis Lieg. Zum Abschluss geht es in ziemlich rasanter Fahrt bergab nach Lütz ins Lützbachtal. ■ Details zu dieser und zu weiteren Touren finden Sie unter www.tourenplaner-rheinland-pfalz.de

Kanufahren auf der Mosel An der Wasserwanderroute, die auf der Saar in Saarburg beginnt und nach 217 km an der Moselmündung in Koblenz endet, liegen über 50 Ein- und Ausstiegsstellen und Rastplätze. ■ Kanus können entlang der Mosel gemietet werden, u. a. bei Kanuverleih Mittelmosel in Traben-Trarbach, sites.google.com/view/kanuverleihmittelmosel

Übernachten

In vielen der kleinen Winzerdörfer entlang der Mosel gibt es keine Hotels, dafür aber zahlreiche Landgasthöfe, Ferienwohnungen und günstige Unterkünfte auf Weingütern mitten im Grünen. In Städtchen wie Bernkastel-Kues und Traben-Trarbach kann man zwischen mehreren Hotels wählen, dort findet man auch Luxusunterkünfte mit allem Drum und Dran.

Trier 90

€ | Schroeders Wein-Style-Hotel Idyllische Lage außerhalb des Zentrums in der Nähe des Avelertals. Gemütliche Zimmer mit dunklen Holzböden. Panoramaterrasse, kostenlose Parkplätze und Fahrradkeller. ■ Am Gillenbach 12, 54293 Trier, Tel. 06 51/ 84 08 40, www.schroedershotels.com/ wein-style-hotel, Plan S. 92/93 b1

€–€€ | Ante Porta Das Dreieinhalb-Sterne-Hotel mit Wohlfühl-Ambiente bietet 37 Zimmer auf vier Etagen und liegt in fußläufiger Entfernung ins Zentrum, 400 m von der Porta Nigra entfernt. Es gibt hauseigene Pkw-Stellplätze ■ Paulinstr. 66, 54292 Trier, Tel. 0651/43 68 50, www.hotel-anteporta.de, Plan S. 92/93 e2

€–€€ | Hotel Deutscher Hof Das Hotel im Zentrum punktet mit 100 liebevoll eingerichteten Zimmern mit Holzböden. Es gibt einen Wellnessbereich mit finnischer Sauna, ein Dampfbad, einen Whirlpool, Massagen und Beauty-Behandlungen. Hoteleigenes Restaurant, Parkplätze gegen Gebühr, Haustiere sind willkommen. ■ Südallee 25, 54290 Trier, Tel. 06 51/977 80, www.hotel-deutscher-hof.de, Plan S. 92/93 c4

€€ | Nells Park Hotel Das Hotel liegt im Grünen, mitten im historischen Nells Park, in einem umgebauten Herrenhaus von 1851, acht Busminuten von der Porta Nigra entfernt. Hübsche Themenzimmer, viele mit Parkblick. Wellnessbereich mit finnischer Sauna, Biosauna, Dampfbad, Massage und Behandlungen. Hoteleigenes Restaurant. ■ Dasbachstr. 12, 54292 Trier, Tel 06 51/144 40, www.nellsparkhotel.de, Plan S. 92/93 östl. f1

€€ | Park Plaza Trier Gemütliche Lounge im Foyer mit roten Plüschsesseln und wandhohen Bücherregalen zum Schmökern an langen Winterabenden, im Sommer lädt der Innenhof zum Abhängen ein. Geräumige Zimmer, Wellnessbereich mit Dampfbad und Sauna, Parkplätze gegen Gebühr. ■ Nikolaus-Koch-Platz 1, 54290 Trier, Tel. 06 51/999 30, www.parkplaza-trier.de, Plan S. 92/93 d3

Schweich 103

€ | Hotel Grefen Kleines, günstiges familiengeführtes Hotel, in dem es auch Pauschalangebote mit Halbpension gibt. Hoteleigenes Restaurant vorhanden. ■ Brückenstr. 31, 54338 Schweich, Tel. 065 02/92 40-0, www.hotel-grefen.de

Klüsserath 105

€ | Ferienweingut Herres Hübsche Galeriezimmer mit Blick ins Moseltal. Ruhige Lage, und die Spitzenweine des Weinguts dürfen natürlich gekostet werden. Parkplatz vorhanden. ■ Hauptstr. 117, 54340 Klüsserath, Tel. 06507/99123, www.weingut-herres.de

Trittenheim 107

€ | Gästehaus Moselkloster Nette Zimmer in einem historischen Haus mit großem Weinkeller und einer Terrasse, die 200 m vom Fluss entfernt ist. Einzel-, Doppel- und Vierbettzimmer für Familien. Zum Angebot des Weinguts gehören Weinproben, Kellerbesichtigungen und Wanderungen. Parkplätze und Fahrradverleih vorhanden. ■ Moselweinstr. 55, 54349 Trittenheim, Tel. 06507/5041, www.weinguteifel.de

€ | Hotel Krone Riesling Hübsches Haus mit Türmchen, Moselterrasse und eigenem Restaurant, freie Nutzung der Hotelparkplätze. Halbpension möglich. ■ Moselpromenade 9, 54349 Trittenheim, Tel. 06507/92630, www.krone-riesling.de

Neumagen-Dhron 109

€–€€ | Hotel Berghof / Landhaus Mosel Mehrere hübsch eingerichtete Ferienwohnungen in ruhiger Lage und mit Blick über die Mosellandschaft für zwei bis fünf Personen, verteilt auf zwei Häuser. ■ Bergstr. 10 und 12, 54347 Neumagen-Dhron, Tel. 06507/2108, www.ferienwohnung-mosel-berghof.de

€–€€ | Hotel zum Anker Stilvolles familiengeführtes 3-Sterne-Haus, umgeben von Weinbergen, manche Zimmer mit Balkon und Moselblick. Hoteleigenes Restaurant mit Terrasse, kostenfreie Parkplätze. ■ Moselstr. 14, 54347 Neumagen-Dhron, Tel. 06507/6397, www.hotelzumanker.de

Piesport 110

€ | Ferien-Weingut Birkenhof Hier nächtigt man in hübschen Zimmern direkt auf einem Weingut, dessen Grundstein 1746 gelegt wurde. Garten, Terrasse, Grillplatz, Parkplatz, Einstellplatz für Fahrräder, Waschmaschinen- und Trocknerbenutzung. Weinproben werden angeboten. ■ Kettergasse 14, 54498 Piesport, Tel. 06507/2403, www.weingutbirkenhof.de

ADAC Das besondere Hotel

Hotel Villa Hügel Die Jugendstilvilla südlich des Zentrums wurde 1914 für eine Weinhändlerfamilie erbaut. Heute beherbergt das prachtvolle Gebäude ein Hotel mit über 40 stilvoll und individuell eingerichteten Zimmern, Terrasse und Skypool mit Blick über die Trierer Altstadt, mediterranem Hallenbad, Wellnessbereich und einem lichtdurchfluteten Restaurant, das mit innovativen Kreationen zum Schlemmen einlädt. Das mehrfach mit Preisen ausgezeichnete Haus liegt ruhig auf einer Anhöhe, die Altstadt erreicht man in 15 Minuten zu Fuß.
€€€ | Bernhardstr. 14, 54295 Trier, Tel. 0651/937100, www.hotel-villa-huegel.de, Plan S. 92/93, d5

€€ | Hotel Piesporter Goldtröpfchen Das Hotel wurde nach der berühmten Weinlage benannt, an der es liegt. Es verfügt über 14 komfortable Zimmer, eine Sauna und einen Fahrradabstellkeller und Parkplatz. Das zum Hotel gehörende Restaurant serviert zum Essen Weine aus dem eigenen Weingut, das man bei schönem Wetter auf der mediterranen Moselterrasse einnehmen kann. ■ Am Domhof 4–5, 54498 Piesport, Tel. 06507/2442, www.weingut-hain.de

Klausen 113

€ | Herberge Eberhardsklause Preiswerte Herberge für Pilger, Wallfahrer, Gruppen und andere. Doppel- und Mehrbettzimmer, alle mit Bad, aber ohne Fernseher, Minibar oder sonstigen Hotelkomfort, dafür sind sie ab 35 € pro Person im DZ inkl. Frühstück sehr günstig. ■ Eberhardstr. 3, 54524 Klausen, Tel. 06578/102905, www.herberge-eberhardsklause.de

Lieser 114

€ | Landhotel Steffen Komfortabel eingerichtete Zimmer, Halbpension (3-Gang-Menü am Abend) möglich. Garagenstellplätze für Fahrräder sowie Parkplätze vor dem Haus. ■ Moselstr. 2, 54470 Lieser, Tel. 06531/9570, www.landhotel-steffen.de

Wittlich 115

€–€€ | Hotel Well Familiengeführtes 3-Sterne-Hotel mit Fassade aus dem 17. Jh., zentrale Lage im Herzen der Altstadt. Hübsche Zimmer mit viel Liebe zum Detail, einige mit Balkon. ■ Marktplatz 5, 54516 Wittlich, Tel. 06571/91190, www.hotel-well.de

Veldenz 117

€ | Weinhaus-Pension Zur Mühle Freundliche Zimmer, Café mit Sonnenterrasse und Blick in den nahen Wald. Tipp: Paket mit zwei Übernachtungen, Halbpension, Weinprobe und Halbtagesfahrt nach Trier. ■ Auf der Olk 7, 54472 Veldenz, Tel. 06534/8734, www.zur-muehle-veldenz.de

Bernkastel-Kues 119

€–€€ | Gästehaus Ursula Hotel Garni in ruhiger Altstadtlage, schöne, helle Zimmer, sehr gutes Frühstücksbuffet, nettes Personal. ■ Burgstr. 70a/71, 54470 Bernkastel-Kues, Tel. 06531/9734280, www.ursula-bernkastel.de

€–€€ | Hotel Moselblümchen Familiengeführt, inmitten der Gassen der Altstadt. Individuell eingerichtete Zimmer, ein Apartment mit zwei Schlafzimmern. Wellnessbereich mit Sauna, Dampfsauna. Hoteleigenes Restaurant, Halbpension möglich. ■ Schwanenstr. 10, 54470 Bernkastel-Kues, Tel. 06531/2335, www.hotel-moselbluemchen.de

Zeltingen-Rachtig 125

€€ | Deutschherrenhof Schlafen, wo einst der Orden der Deutschherren tagte. Schöne, individuell gestaltete Zimmer direkt am Moselufer. Wellnessbereich, finnische Sauna mit Moselblick, Dampfbad, Aromabäder und Massagen. ■ Deutschherrenstr. 23, 54492 Zeltingen-Rachtig, Tel. 06532/9350, www.deutschherrenhof.de

€€ | Hotel Nicolay 1881 Deutschlands erstes veganes Hotel wartet mit stilvoll eingerichteten Zimmern auf, veganen Restaurants, Hallenbad, Sauna, Fitnessraum und kostenlosen Parkplätzen. ■ Uferallee 7, 54492 Zeltingen-Rachtig, Tel. 065 32/939 10, www.hotel-nicolay.de

€€ | Hotel Zeltinger Hof – Gasthaus des Rieslings 35 Zimmer und Apartments zum Wohlfühlen, einige im urigen Landhausstil, andere moderner eingerichtet. Von hier aus lassen sich gut Ausflüge in die umliegende Weinkulturlandschaft unternehmen. ■ Kurfürstenstr. 76, 54492 Zeltingen-Rachtig, Tel. 065 32/938 20, www.zeltinger-hof.de

Traben-Trarbach 126

€ | Gästehaus Caspari Das Weingut mit Gästehaus liegt im Stadtteil Trarbach, 300 m vom Moselufer entfernt. Hübsch eingerichtete Wohnungen aus hellem Holz, die Weine stammen aus eigenem Anbau, und die Speisen sind regional. ■ Weiherstr. 18, 56841 Traben-Trarbach, Tel. 065 41/57 78, www.weingut-caspari.de

€–€€ | Trabener Hof Hübsches Boutique-Hotel mit stilvollen und individuell gestalteten Zimmern, es gibt auch Familienzimmer. Zum Aufenthaltsraum gehört eine Terrasse. Hauseigenes Café, Weine aus dem eigenem Weingut. Parkplätze sind vorhanden. ■ Bahnstr. 25, 56841 Traben-Trarbach, Tel. 065 41/700 80, www.trabener-hof.de

€€ | Goldene Traube - by Neugart Das familiengeführte Hotel in Flussnähe verfügt über 30 modern eingerichtete Zimmer mit bequemen Boxspringbetten und eine Dachterrasse mit herrlichem Ausblick. Für Erkundungstouren in die Umgebung gibt es dick bereifte Urban Drivestyle E-Bikes zu leihen. Kostenfreie Parkplätze sind vorhanden. ■ Am Markt 8, 56841 Traben-Trarbach, Tel. 065 41/81 64 50, www.goldenetraube-hotel.de

€€–€€€ | Moselschlösschen Imposante Fachwerkvilla an der Uferpromenade, stilvolle Zimmer, Restaurant mit Terrasse, Vinothek und Biergarten, Wellnessbereich, Fahrradverleih und Parkanlage direkt an der Promenade. ■ Neue Rathausstr. 12–16, 56841 Traben-Trarbach, Tel. 065 41/92 78, www.moselschloesschen.de

7 **€€€ | Romantik Jugendstilhotel Bellevue** Die erste von Bruno Möhring errichtete Villa in Traben-Trarbach hat von ihrer einstigen Pracht bis heute nichts eingebüßt. Die bunten Jugendstilfenster sind Originale, ebenso die reichen Verzierungen an den Wänden, die verschnörkelten Spiegel, Uhren, Lampen und Leuchten und auch das Treppengeländer stammen aus Möhrings Feder. Wunderschön sind der Art-Déco-Salon und das Belle-Époque-Restaurant mit Moselblick, aber der Hingucker schlechthin ist die einzigartige Bar im Pariser Jugendstil. Wenn man erst einmal im Turmzimmer mit Blick auf die Mosel, Trarbach und die Grevenburg genächtigt hat, möchte man am liebsten gar nicht mehr abreisen. ■ An der Mosel 11, 56841 Traben-Trarbach, Tel. 065 41/70 30, www.bellevue-hotel.de

Untermosel – In Terrassen angelegte Weinberge

Atemberaubende Talblicke und eindrucksvolle Architekturzeugnisse – der schönste Abschnitt der Mosel beginnt

Das Moseltal wird nun enger. Flankiert von Schieferfelsen mäandert der Fluss auf knapp 100 km nach Koblenz, wo er auf den Rhein trifft. Die Weinberge auf den Gleithängen sind terrassenförmig angelegt, weshalb das untere Moseltal auch Terrassenmosel genannt wird. Hier liegen der steilste Weinberg Europas, die Heimat der »Schwarzen Katz«, die imposantesten Burganlagen der Mosel und mit dem Bundesbankbunker eines der bestgehüteten Geheimnisse der Republik.

In diesem Kapitel:

ADAC Top Tipps:

8 Bundesbankbunker, Cochem
| Museum |
Hier lagerten einst 15 Milliarden D-Mark, was keiner ahnte. 147

9 Reichsburg Cochem
| Burg |
Um die über 1000 Jahre alte Burg ranken sich Legenden. 148

10 Festung Ehrenbreitstein, Koblenz
| Festung |
Fantastischer Blick auf den Zusammenfluss von Mosel und Rhein. 163

ADAC Empfehlungen:

17 Calmont, Bremm
| Weinberg |
Hangneigung 68 °, einen steileren Weinberg gibt es in ganz Europa nicht. 142

18 Weinmuseum, Senheim
| Museum |

Die Sammlung aus mehr als 10 000 Exponaten erinnert an den Weinbau vergangener Zeiten. 143

19 Edelstein-Museum, Cochem
| Museum |

Wie wird der unscheinbare Rohstein zum funkelnden Juwel? Das und mehr erfährt man in den Ausstellungsräumen und Schleifereien des Museums. 148

20 Historische Senfmühle, Cochem
| Museum |

Hier geht es ganz schön »scharf« zu, denn es dreht sich alles um frisch gemahlene Senfsamen. 150

21 Archäologiepark Martberg, Pommern
| Stätte |

Faszinierende Funde aus früheren Zeiten – große Völker wie die Kelten und die Römer ließen sich einst hier nieder. 151

22 Burg Eltz, Moselkern
| Burg |

Eine klassischere Ritterburg gibt es im ganzen Land nicht. In ihrer langen Geschichte wurde sie weder erobert noch zerstört – sie ist noch genauso schön wie anno dazumal. 153

23 Deutsches Eck, Koblenz
| Landzunge |

Unter den Augen des 37 m hoch zu Ross sitzenden Kaisers Wilhelm I. trifft »Mutter Mosel« auf »Vater Rhein«. 159

24 Romanticum, Koblenz
| Museum |

Eine Fahrt auf dem Rhein auf einem historischen Dampfer erlebt man hier – nur virtuell, aber mit täuschend echter Geräuschkulisse. 161

25 Mutter-Beethoven-Haus, Koblenz
| Museum |

Ausstellung zur Familiengeschichte, zum Leben und Umfeld des großen Komponisten. 164

24 Pünderich

Fachwerkidylle pur, enge Gassen und malerische Moselpromenade

Information

■ Touristeninformation Pünderich, Raiffeisenstr. 3, 56862 Pünderich, Tel. 065 42/90 00 21, www.puenderich.de, Mai–Okt. Di, Do, Fr, Sa 10–12 Uhr

Dank seiner prachtvoll verzierten Fachwerkbauten und den zahlreichen kunstvoll gestalteten alten Haustüren aus sämtlichen Epochen von Renaissance bis Jugendstil erhielt das knapp 900 Einwohner zählende Weindorf 1984 den Titel »Schönstes Dorf im Regierungsbezirk Koblenz«. Prächtige Exemplare der Fachwerkkunst sind vor allem das Alte Rathaus (16. Jh.) und das Alte Fährhaus (17. Jh.). Die Gebäude zeugen davon, wie wohlhabend der Ort einst war. Hoch über dem Dorf liegt die Marienburg, die Namensgeberin einer der lokalen Weinlagen ist. Die Moselpromenade von Pünderich bietet einen malerischen Blick auf die Burg, die auf der gegenüberliegenden Flussseite über den Weinbergen thront. Eine kleine Autofähre, die allerdings nicht nach einem festen Fahrplan verkehrt, verbindet die beiden Ufer.

Sehenswert

Marienburg

| Burg |

Die Marienburg ist ein ehemaliges Augustinerinnenkloster, das Mitte des 12. Jh. entstand. Da das Kloster aber durch permanente kriegerische Händeleien belästigt wurde und die Nonnen immer wieder gezwungen waren, in benachbarte Klöster zu fliehen, ließ der Trierer Erzbischof Richard von Greiffenklau das Kloster 1515 schließen, das Konvent in das Schwesternkonvent zum Hl. Nikolaus bei Bremm verlegen und das Gebäude fünf Jahre später zu einer burgartigen Festung ausbauen. Als französische Revolutionstruppen das Gebiet 1794 besetzten, zerstörten sie einen großen Teil der Burg, die 1803 zu französischem Nationaleigentum erklärt und versteigert wurde. In den folgenden Jahren wechselte das ehemalige Kloster mehrmals die Besitzer und wurde von der letzten Besitzerin 1950 schließlich an das Bistum Trier verkauft, das der Marienburg nach der Restaurierung 1957 wieder die kirchliche Weihe gab. Heute befindet sich in den Klostergebäuden eine Jugendbildungsstätte des Bistums Trier.

Aussichtsturm auf dem Prinzenkopf

| Turm |

Ganz in der Nähe, etwa 700 m von der Marienburg entfernt, befindet sich der Prinzenkopf mit stählernem Aussichtsturm. Bis hinauf zur überdachten Plattform sind es zwar 108 Stufen, aber die Strapazen des Aufstiegs sind vergessen, sobald sich der spektakuläre Blick über die Moselschleife vor dem Auge entfaltet. Der Aussichtsturm ist frei zugänglich.

Restaurants

€ | **Zur alten Brennerei** In dem historischen Gasthaus gibt es Essen vom heißen Stein – gebraten wird ohne Fett und vitaminschonend auf heißem Lavastein. ■ Moselallee zwischen Schiffsanleger und Fähre, 56862 Pünderich, Tel. 0176/78 52 51 01, Di–So 11–21 Uhr

25 Zell

Die Heimat der weltberühmten »Schwarzen Katz«

Information

■ Zeller Land Tourismus, im Rathaus, Balduinstr. 44, 56856 Zell, Tel. 065 42/ 962 20, www.zellerland.de, April–Juli Mo–Fr 9–17, Sa 10–13, Aug.–Okt. Mo–Fr 9–18, Sa 10–15, Nov.-März Mo–Do 9–12.30 und 13.30–16, Fr 9–13 Uhr

Der Name der Weinlage »Schwarze Katz« geht auf eine Legende zurück. Im Jahr 1863 kamen Aachener Kaufleute nach Zell, um ein Fass Wein zu kaufen. Ein Winzer lud die Herren in seinen Keller ein und ließ sie Weine verschiedener Jahrgänge probieren. Am Ende nahmen sie drei Fässer in die engere Auswahl, konnten sich aber für keines entscheiden. So brachte der Winzer den Unentschiedenen erst einmal Hausmacherschnittchen. Als sie gegessen hatten, wollte er den Probierschlauch noch einmal in eines der Fässer einführen. Da aber sprang die Hauskatze, die sich in den Keller geschlichen hatte, blitzschnell auf das Fass und verteidigte es fauchend und kratzend. Für die Kaufleute war das ein Zeichen. Sie waren überzeugt davon, dass darin der beste Wein sein müsste, kauften das Fass und nahmen es mit nach Aachen. Da sich der Wein gut verkaufte, kamen sie bald darauf zurück, um sämtliche Weine aus dieser Lage zu kaufen. Das erstaunte den Winzer doch sehr, und er wollte wissen, was es mit dieser Kauffreudigkeit auf sich habe. Die Kaufleute erinnerten ihn an die Episode mit der Hauskatze und

Zu beiden Ufern erstrecken sich Ortsteile von Zell, verbunden durch eine Brücke

erklärten ihm, dass sie den Wein in Aachen unter dem Namen »Schwarze Katz« verkauften und dieser bei ihren Kunden großen Anklang gefunden hätte. So kam der Weinberg wenig später offiziell zu seinem Namen. Der schwarzen Katze begegnet man bereits am Ortseingang – dort steht sie übergroß auf einem Fass und prostet den Besuchern des Ortes mit einem Glas Wein in der Pfote zu. In der Altstadt begegnet man ihr noch einmal auf einem Fass im Brunnen, das sie fauchend verteidigt.

Sehenswert

Wein und Heimatmuseum

| Museum |

In dem kleinen Museum im Rathaus werden neben keltischen und römischen Fundstücken die typischen Arbeitsgeräte des Moselwinzers präsentiert, die Entwicklung der Weinlage »Schwarze Katz« dargestellt und eine Sammlung zur ersten Zeller Zigarrenfabrik (1850) gezeigt. Im Turmzimmer informieren Texttafeln und Gegenstände über das Leben und Wirken der Zeller Juden, die seit dem 14. Jh. in der Gemeinde lebten. Die kleine Synagogengemeinde endete mit der Reichspogromnacht im November 1938.

■ Balduinstr. 44, 56856 Zell, Tel. 065 42/ 962 20, www.zell-mosel.com, Mi, Fr, Sa 14–17 Uhr, Eintritt frei

Restaurants

€–€€ | Winzerschänke Zum Alten Bahnhof In dem schönen Ambiente des alten Bahnhofsgebäudes gibt es Winzergerichte und Wild sowie ein paar vegetarische Gerichte. ■ Am Bahnhof 1, 56856 Zell, Tel. 065 42/56 34, www.weingut-lehmen.de, Di–Sa 11.30-22.30, So 11–22.30 Uhr, Küche Di–So 12–14 und 17.30–21 Uhr

Unterhalb des Calmonts bei Bremm macht die Mosel diese Schleife

Events

Weinfest der Zeller Schwarze Katz
Das viertägige Weinfest Ende Juni beginnt freitagabends mit einem traditionellen Umzug und wird danach von der amtierenden Weinkönigin eröffnet. Bis Montag wird mit viel Musik, Tanz und Wein am Moselufer gefeiert, und auch der Nachwuchs kommt dank eines Kinderspektakels nicht zu kurz.
■ www.stadt-zell-mosel.de/weinfest

26 Bremm

An einer der schönsten Moselschleifen liegt der steile Calmont

Information

■ Touristeninformation im Calmont-Forum, Calmontstr. 48, 56814 Bremm, Tel. 0175/3249114, www.bremm.info, Di 15–17, Do 9–11 Uhr

Hoch oberhalb des kleinen Fachwerkdorfes thront der knapp 380 m hohe Calmont mit den steilsten Weinbergen und Terrassen Europas. Schon die Römer bauten hier Wein an, weshalb man annimmt, dass der Name vom Lateinischen abgeleitet wurde (calidum montis = heißer Berg). Im Sommer ist es auf dem Calmont tatsächlich sehr heiß, denn die Schieferhänge im Weinberg saugen die Sonnenstrahlen geradezu an. Der Berg ist die Hauptattraktion des knapp 750 Einwohner zählenden Ortes. Ein Hingucker ist das Storchenhaus, das mit seinen Schnitzereien, darunter ein Relief mit Storch und Schlange, zu den schönsten Barock-Fachwerkhäusern an der Mosel zählt. Überragt wird das Dorf von der Sankt-Laurentius-Kirche aus dem 15. Jh., deren prachtvoller Renaissance-Altar einen Besuch wert ist. Im Jahr 2002 gewann Bremm im Wettbewerb »Unser Dorf hat Zukunft« den Titel »Schönstes Dorf von Rheinland-Pfalz«.

Sehenswert

Klosterruine Stuben
| Ruine |
Die lang gestreckte Ruine des ehemaligen Augustinerinnenklosters liegt auf der gegenüberliegenden Uferseite. Der 1137 gegründete Frauenkonvent beherbergte seinerzeit zahlreiche Reliquien, darunter Partikel vom Kreuz Jesu, die der Bruder der Vorsteherin, der Ritter Heinrich von Ulmen, den weiten Weg vom vierten Kreuzzug aus Konstantinopel mitgebracht hatte. Diese Reliquien (Staurothek), für die eine Kreuzkapelle errichtet wurde, zogen zahlreiche Pilger zum Kloster Stuben. Auf der Flucht vor den französischen Revolutionstruppen wurde die Stauro-

thek auf die rechte Rheinseite gebracht – so befindet sie sich heute im Diözesanmuseum Limburg an der Lahn. Die drei noch erhaltenen Außenmauern mit den zahlreichen spitzbogigen Fenstern stammen aus dem Neubau der Klosterkirche im Jahr 1687.

■ Direkt am Moselufer, frei zugänglich

Calmont

| Berg |

17 *Klettersteig zu den steilsten Riesling-Sonnenterrassen Europas*

In schwindelerregender Höhe geht es durch den steilen Weinberg, der mit einem Neigungsgrad von 68° nicht ganz mühelos zu erklimmen ist. Für die Anlage des Steigs wurden 20 Leitern, 100 Meter Sicherungsseile und über 30 Trittbügel und Trittstifte verbaut. Wer nicht schwindelfrei, sportlich fit und trittfest ist, sollte den je nach Kondition zwei- bis dreistündigen Aufstieg nicht wagen. Der grandiose Ausblick auf die Moselschleife entschädigt für die Tortur des Aufstiegs!

■ Der Weg zum Klettersteig ist ab Bremm ausgeschildert.

Restaurants

€-€€ | Restaurant Pizzeria zum König Pizza, Pasta, Fisch- und Fleischgerichte, günstige Kinderteller, Außenterrasse mit Blick auf den Calmont. ■ Auf Cales 13, 56814 Bremm, Tel. 02675/911 85 27, www.restaurant-pizzeria-zum-koenig-bremm.de, Di–So 17–21 Uhr

€–€€ | Weinhaus Berg Regionale, wechselnde Tagesangebote, dazu Wein aus dem Bremmer Calmont. Terrasse mit Blick auf die Mosel. ■ Moselstr. 39, 56814 Bremm, Tel. 02675/301, www.weinhausberg.de, Do–Di 12–13.45 und 17.30–20 Uhr

Einkaufen

Weingut Markus Dreis Die Familie betreibt Weinbau und baut auch den »Roten Mosel-Weinbergpfirsich« an. Neben den hauseigenen Rieslingen werden im Hofladen »Dä Lade« im historischen Gewölbekeller Edelbrände, Liköre sowie Essig und Fruchtaufstriche vom Weinbergpfirsich verkauft. ■ Brunnenstr. 58, 56814 Bremm, Tel. 02675/1633, www.weingut-dreis.de, April–Okt. Fr 15–17, Sa 10–17, So 11–15 Uhr und nach telefonischer Vereinbarung

ADAC Wussten Sie schon?

Der Rote Weinbergpfirsich wurde bereits 2200 v. Chr. in China angebaut. Über Handelswege gelangte er nach Persien, von wo die Römer ihn nach Italien und später an die Mosel brachten, wo er heute traditionell wächst.

Wandern

Etappe 16 des Moselsteigs (Neef – Ediger-Eller) Die Etappe ist mit 11 km die kürzeste des Moselsteigs, aber die steilste, denn die serpentinenartige Strecke führt direkt in den Calmont.

27 Senheim

Standort eines Weinmuseums, das seinesgleichen sucht

Information

■ Tourist-Information Ferienland Cochem, Endertplatz 1, 56812 Cochem, Tel. 02671/60040, www.ferienland-cochem.de, Mai–Okt. Mo–Fr 9–12 und 14–17, Sa 9–12, Nov.–April Mo–Do 9–12 und 14–16, Fr bis 13 Uhr

Die beiden Ortsteile Senheim und Senhals mit hübschen Fachwerkhäusern sind durch eine Brücke miteinander verbunden und liegen umgeben von steilen Weinbergen idyllisch im Moseltal. Ältestes Gebäude ist der 1220 errichtete Wohnturm Senheim in der Brunnenstraße, der bis zur Französischen Revolution als Vogteihaus von Vögten bewohnt wurde und sich heute in Privatbesitz eines Bildhauers befindet. Hauptattraktion ist das größte private Weinmuseum Deutschlands des Weinguts Schlagkamp-Desoye.

Sehenswert

Weinmuseum

| Museum |

18 *Weltweit einzigartige Sammlung historischer Winzergeräte*

Über 10 000 Exponate im Museum hat der leidenschaftliche Sammler Dieter Schlagkamp in über 40 Jahren zusammengetragen. Auf der Zeitreise im historischen Weinkeller, dem alten Kelterhaus und dem 100 Jahre alten Festsaal begegnet man Winzer- und Weinbehandlungsgeräten vergangener Tage, alten Fuder-Fässern, antiken Gerätschaften zur Pressung der Trauben und vielem anderen. Während des Rundgangs erfährt man zudem alles Wissenswerte über die Wein- und Sektzubereitung und bekommt zum Abschluss der Führung ein Glas Wein nach Wahl.

■ Zeller Str. 11, 56820 Senheim, Tel. 02673/4381, www.schlagkamp-wein.de, April–Okt. Mo–Sa 9–17 Uhr, Erw. 5 €, Kinder bis 12 J. frei, bis 18 J. 3 €. 1. Nov.–1. April geschl.

Kulturhistorisches Museum

| Museum |

Das Museum in einem ehemaligen Landwirtschafts- und Weingutshof in Senhals gibt Einblicke in das Leben vergangener Zeiten an der Mosel. Gezeigt werden neben der ländlichen ohnkultur Haushaltsgeräte, historische Zwei- und Vierräder, Weinbaugeräte und ein historischer Felsenweinkeller mit Tiefbrunnen, Felsenquelle und Wasserfall.

■ Moselweinstr. 9, 56820 Senheim-Senhals, Tel. 02673/4504, Besichtigungstermine und Führungen für 2–6 Personen nur nach telefonischer Vereinbarung

Skulpturenpark

| Kulturweg |

Hier handelt es sich um keinen Park mit Skulpturen, sondern um eine Ausstellung zeitgenössischer Künstler, die sich über 7,5 km vom Fluss bis hinauf in die Weinberge erstreckt. Insgesamt sind es zehn Werke, darunter die Skulptur »Denkmal für ein Schiff« des Traben-Trarbacher Künstlers Jan Schröder am Senheimer Jachthafen. Eingebettet in die Weinberge der monumentale Steinkopf »Ich sehe«

Im Blickpunkt

Spaziergang auf dem Weinbergslehrpfad

Startpunkt ist die Gutsschänke »Beim Weinbauer« in der Zeller Straße 39 in Senheim. Von dort geht es entlang der Ausschilderung »Nordic Walking Route« auf den Weinberg hinauf. Oben kommen Sie immer wieder an Informationstafeln zum Weinbau in der Region vorbei und haben einen fantastischen Blick auf die Moselschleife bei Senheim. Länge: knapp 7 km. *Dauer: ca. 2 Stunden*

von Jürgen Waxweiler, ebenfalls aus Traben-Trarbach, und der Senheimer Künstler Christoph Anders zeigt mit »Durchblicke« sich gegenüberstehende Basaltsäulen. Integriert in den Skulpturenpark ist der Literatenweg mit wechselnden literarischen Texten an vierzehn Holzstelen.

Restaurants

€–€€ | **Gutsschänke »Beim Weinbauer«** Kalte und warme Speisen, Spezialität Wildgerichte, Wein aus eigener Herstellung. Terrasse mit Blick über das Moseltal. ■ Zeller Str. 33, 56820 Senheim, Tel. 02673/960235, www.deiswein.de, Mai–Okt. tgl. ab 17.30, sonst nur Do, Fr ab 17.30 Uhr

28 Beilstein

Der hübsche Ort wird auch Dornröschen der Mosel genannt.

Information

■ Tourist-Information Ferienland Cochem, Endertplatz 1, 56812 Cochem, Tel. 02671/60040, www.ferienland-cochem.de, Mai–Okt. Mo–Fr 9–12 und 14–17, Sa 9–12, Nov.–April Mo–Do 9–12 und 14–16, Fr bis 13 Uhr

Beilstein zählt zwar gerade mal 140 Einwohner, aber der winzige Ort ist eine Sehenswürdigkeit an sich. Mit seinen schiefergedeckten Fachwerkhäusern, den engen Gassen und der Burgruine Metternich hoch über dem Ort ist Beilstein der Inbegriff der Moselromantik schlechthin, was ihm den Beinamen »Dornröschen an der Mosel« bescherte. In den 1930er-Jahren war das Dorf Kulisse für zahlreiche Spielfilme, so für die Komödie »Wenn wir alle Engel wären« aus dem Jahr 1936. Heinz Rühmann läuft in dem Film die 108 Stufen zum ehemaligen Karmeliterkloster St. Joseph mehrmals rauf und runter. In der barocken Klosterkirche steht eine Schwarze Madonna, die während des Dreißigjährigen Krieges von den Spaniern zurückgelassen worden sein soll. Im frühen 14. Jh. entstand in Beilstein eine kleine jüdische Gemeinde, von der heute noch die restaurierte ehemalige Synagoge in der Weingasse zeugt, die 1920 aufgegeben wurde und sich heute in Privatbesitz befindet. Nicht weit von der Burg Metternich, auf dem Südrücken des Burgbergs, befindet sich der jüdische Friedhof mit rund 110 erhaltenen Grabsteinen.

Sehenswert

Burgruine Metternich
| Burg |
Die im 13. Jh. errichtete Burg gelangte 1637 in den Besitz des rheinländischen Adelsgeschlechts Metternich, das eine Reihe von Bischöfen und Erzbischöfen hervorbrachte. Während des Pfälzer Erbfolgekriegs 50 Jahre später wurde sie von französischen Truppen zerstört und nicht wieder aufgebaut. Letzter Eigentümer aus dem Geschlecht der Metternichs war der Diplomat und spätere österreichische Außenminister Fürst von Metternich im 18. Jh. Mit ihrem fünfeckigen begehbaren Bergfried bietet die Ruine einen herrlichen Blick über Beilstein, die Weinberge und die Mosel. Die gesamte Burganlage befindet sich seit über 50 Jahren im Besitz der Familie Herzer, die unterhalb der Burganlage das Gästehaus Burgfels und das Hotel Burgfrieden

Einst stolzer Besitz einer großen Adelsfamilie: die Burgruine Metternich

betreibt. Auf der Burg befindet sich ein Restaurant mit Sonnenterrasse und Moselblick.

■ Burg Metternich, 56814 Beilstein, www.burgmetternich.de, 1. April–31. Okt. tgl. 10–18 Uhr, Erw. 3 €, Kinder ab 7 J. 1,50 €, für Gäste des Hotels Burgfrieden ist der Eintritt frei

Restaurants

€–€€ | Café-Bistro Klapperburg Das liebevoll eingerichtete Café lädt nicht nur zu leckeren Kleinigkeiten, Kaffee und Kuchen ein, sondern auch zu einer nostalgischen Reise durch die Welt der Kaffeemühlen. Ganze 500 Mühlen aus drei Jahrhunderten hat die Café-Besitzerin zusammengetragen. Gäste können sich die umfangreiche Sammlung von Ostern bis Oktober während der normalen Café-Öffnungszeiten anschauen, im Winter nach vorheriger telefonischer Anmeldung. ■ Bachstr. 33, 56814 Beilstein, Tel. 02673/900201, www.klapperburg.de, Fr–Mi 10–21 Uhr

ADAC Mittendrin

Mit dem Gästeführer Rainer Vitz können Sie die spannende historische Stadtführung »700 Jahre Beilstein« erleben. Auf dem Programm stehen dabei die Stadtmauer, der Marktplatz, das Zehnthaus, die Synagoge und das Judenviertel, die Klostertreppe, die Klapperburg, der Ritterturnierplatz, die Kirche sowie das Kloster.

Offene Führungen samstags um 14.30 und sonntags um 10.30 Uhr. Treff- und Startpunkt: Marktplatz, Ticketverkauf direkt am Startpunkt, Erw. 5,50 €, Kinder 3 €, Tel. 02673/900050 oder 0172/6665896, www.stadtfuehrungen-beilstein.de

29 Cochem

Perle der Mosel und touristisches Zentrum der Terrassenmosel

Information

- Tourist-Information Ferienland Cochem, Endertplatz 1, 56812 Cochem, Tel. 02671/60040, www.ferienland-cochem.de, Mai–Okt. Mo–Fr 9–12 und 14–17, Sa 9–12, Nov.–April Mo–Do 9–12 und 14–16, Fr bis 13 Uhr
- Parken siehe S. 149

Wegbereiter für die ersten »echten« Touristen waren Anfang des 19. Jh. englische Landschaftsmaler, allen voran William Turner (1775–1851), die von Cochem und dem Moseltal derart in den Bann gezogen waren, dass sie beides in Gemälden und Zeichnungen festhielten. Turner verewigte das malerische Städtchen gleich mehrfach auf Leinwand. Hoch über dem Ort thront weit sichtbar die Reichsburg aus dem 12. Jh., nach der prachtvollen Uferpromenade meist der erste Besichtigungspunkt zahlreicher Besucher, denn nirgendwo sonst bietet sich ein besserer Überblick über Cochem und den Ortsteil Cond am gegenüberliegenden Moselufer. Dort befindet sich der Bundesbankbunker, dessen ursprüngliche Funktion nicht mehr benötigt wird. Seit 2016 ist das Überbleibsel aus dem Kalten Krieg zu

Vom Kanu aus bestimmt noch mal so schön: Cochem mit der Reichsburg

einem der größten Besuchermagneten an der Untermosel geworden. Dass das Städtchen zu den meistbesuchten Orten an der Mosel gehört, zeigt der von prachtvollen, mit Modelschiefer gedeckten Fachwerkhäusern umrundete Marktplatz, in dessen zahlreichen Straßencafés sich im Sommer Publikum aus aller Welt tummelt. Sehenswert sind hier das barocke Rathaus aus dem Jahr 1739 und der Martinsbrunnen mit dem hl. Martin auf seinem Pferd. Vom Marktplatz aus führen, in bester mittelalterlicher Baumanier, steile Gassen und winkelige Steintreppen hinauf zum Klosterberg mit dem Kapuzinerkloster, das heute das Kulturzentrum der Stadt beherbergt.

Sehenswert

Bundesbankbunker

| Museum |

8 *Staatsgeheimnis der Bundesrepublik im Kalten Krieg*

15 Milliarden D-Mark stapelten sich fast ein Vierteljahrhundert lang in der Bunkeranlage 30 m unter der Erde – und keiner im Ort wusste etwas von dem Schatz. Ein endlos langer Gang führt zu der 8 t schweren Tresortür, hinter der sich ein weiterer Gang auftut. Zu dessen beiden Seiten befinden sich Zellen mit Drahtgittertüren, hinter denen sich Geldkartons auf Regalbrettern bis zur Decke stapelten. Nach Ende des Kalten Krieges wurden die Kartons samt Inhalt in den Schredder gesteckt. Im Stockwerk über dem »Geldlager« befinden sich rechts und links des Gangs winzige Krankenzimmer mit Stockbetten, die für den Fall des zum Glück nie eingetretenen Falles errichtet wurden, sowie Arbeitsräume mit Schreibmaschinen, Fernschreiber und einer Telefonanlage mit Handvermittlung. Auf dem Weg durch die Luftschutzanlage kommen Besucher an mehreren Zimmern mit lebensgroßen Puppen in Strahlenschutzkleidung vorbei, an dem 20 m hohen Kühlturm sowie an 111 gewundenen Stufen, die zum Notausgang hinaufführen.

■ Am Wald 35, 56812 Cochem, Tel. 02671/9153540, www.bundesbankbunker.de, 1. April –30. Juni Führungen tgl. zwischen 11 und 15 Uhr zu jeder vollen Stunde, 1. Juli–31 Okt. tgl. zusätzl. um 10 und 10.30 Uhr, im Winter Sa, So 11, 13 und 15 Uhr, Erw. 13 €, Kinder 8–17 J. 7 €, Familien (2 Erw. mit max. 5 Kindern) 33 €. Tipp: Am besten auch im Sommer warm anziehen, denn im Bunker ist es ziemlich kalt.

Reichsburg

| Burg |

9 *Burg mit tausendjähriger Geschichte*

Es ist mühsam hinauf zu dem über 100 m hohen Bergkegel, auf dem die imposante Burg thront, aber die Aussicht, die sich über die Stadt, die Mosel und die Weinberge bietet, entschädigt allemal dafür. Mit dem Bau der Pfalzgrafenburg wurde um das Jahr 1000 begonnen. Der dem Wahnsinn verfallene Pfalzgraf Heinrich II. soll hier im 11. Jh. seine Ehefrau ermordet haben. Im Laufe der Jahrhunderte kam es zu zahlreichen Belagerungen und Zerstörungen der Burg, zuletzt während des Pfälzischen Erbfolgekriegs, als sie 1689 von französischen Truppen gesprengt wurde. Der vermögende Berliner Kaufmann Louis Ravené erwarb die Ruine 180 Jahre später und ließ sie zwischen 1868 und 1877 für fünf Millionen Goldmark als Sommerresidenz für seine Familie im neugotischen Stil wieder aufbauen. Die umfangreiche Kunstsammlung, mit der Ravené die Innenräume ausgestattet hatte, wurde im Zweiten Weltkrieg größtenteils zerstört. Die Burg blieb bis 1942 im Familienbesitz, fiel 1947 an das neue Bundesland Rheinland-Pfalz und ist seit 1978 im Besitz der Stadt. Heute finden auf der Burg regelmäßig Konzerte, Hochzeiten, Rittermahle, die Burgweihnacht am dritten Adventswochenende und viele andere Events statt. Das Innere der Burg, wie Jagdzimmer, Kemenate und Rittersaal, können während einer Führung besichtigt werden.

■ Schlossstr. 36, 56812 Cochem, Tel. 02671/255, www.reichsburg-cochem.de, Führungen Mitte März–1. Nov., Erw. 6 €, Kinder 6–17 J. 3€

ADAC Mobil

Über 155 Höhenmeter geht es mit der Cochemer Sesselbahn hinauf zum Pinnerkreuz, wo sich ein einzigartiger Blick auf das Moseltal und die Reichsburg bietet und ein Terrassencafé zu Erfrischungen einlädt. Parkplätze für Sesselbahnbesucher kostenfrei!

Talstation Endertstr. 44, 56812 Cochem, Tel. 02671/98 90 63, www.cochemer-sesselbahn.de, Ende März–Juni tgl. 10–18, Juli, Aug. 9.30–18.30, Sept., Okt. 10–17, 1.–12. Nov. 11–16 Uhr, einfach/Erw. 5,90 €, Kinder 4–14 J. 2,90 €, Familienkarte nur als Hin- und Rückfahrt mgl., 20 €

Edelsteinmuseum

| Museum |

19 *Mehr über die Steine, das Schleifen und das Facettieren*

In mehreren Stationen erleben Besucher die faszinierende Welt der Edelsteine und erfahren anhand von Schleifblöcken, Schleifscheiben und Planschleifmaschinen, wie aus einem unscheinbaren Rohstein ein funkelndes Juwel wird. In Vitrinen sind verarbeitete Steine ausgestellt, darunter Amethyst, Aquamarin, Feueropal, Jade, Lapislazuli, Onyx und Saphir. Auch die Geschichte kommt während der Führung nicht zu kurz. Noch 1914 gab es an der Mosel 360 Edelsteinschleifereien, 15 Jahre später waren es nur noch 30, heute sind es gerade mal vier. Es war der elektrische Strom, der den mit Wasser betriebenen Schleifereien den Garaus gemacht hat. Ein kilometerlanges Stromnetz zu legen wäre für die Schleifereibesitzer viel zu teuer gekommen, also stellte man den Betrieb lieber ein.

Im Blickpunkt

Die Bunkeranlage der Deutschen Bundesbank

Klammheimlich in einem kleinen Städtchen mal eben einen monumentalen Bunker bauen und darin 15 Milliarden D-Mark verstecken, das ginge in unserem digitalen Zeitalter gar nicht mehr. Kurz nach der Sprengung im Berg bei Baubeginn wären garantiert Handyfilmer vor Ort, um nachzusehen, was da vor sich geht, und in null Komma nix würde sich die Nachricht in den sozialen Netzwerken verbreiten. Bei Baubeginn 1962 interessierte sich kaum einer dafür. Die Bewohner gaben sich mit der Antwort »Schulungszentrum der Bundesbank samt Zivilschutzbunker« zufrieden. Schließlich befand man sich im Kalten Krieg, und es bestand ja immer die Gefahr eines Konflikts. Im Falle eines atomaren Angriffs bot die 1500 m² große Bunkeranlage mit Küche, sanitären Anlagen und Krankenzimmer Platz für 175 Personen. Da die Bundesregierung im Fall eines dritten Weltkriegs eine massive Geldentwertung durch eine Falschgeldflut aus dem Osten fürchtete, wurde im Bunker die Notfallwährung in Milliardenhöhe gelagert, die im Fall der Fälle die Kaufkraft aufrechterhalten und eine Wirtschaftskrise verhindern sollte. Außer den Prüfern, die alle drei Monate den Geldbestand stichprobenartig kontrollierten, durfte niemand den Bunker betreten. Die Wohnhäuser rundherum wurden aufgekauft und zur Tarnung als Schulungszentrum und Erholungsheim der Bundesbank ausgebaut. Als der Eiserne Vorhang 1989 fiel, wurden Bunker und Notstandswährung überflüssig. Das Geld wurde geschreddert, die Anlage 1994 an die Volksbank Cochem und 2014 an einen Unternehmer aus Treis-Karden verkauft, der die Bunkeranlage in ein Museum verwandelte. Das ehemalige Schulungszentrum beherbergt heute das Hotel Vintage, das über einen Geheimgang zum Bunker verfügt.

■ Unterbachstr. 5, 56812 Cochem, Tel. 02671/4267, www.edelstein-museum.info, April–Okt. Mo–Sa 10–18, März, Nov, Dez. je nach aktueller Situation (Wetter, Temperatur, Tourismus) vor geplantem Besuch telefonisch Öffnungszeiten erfragen. Jan., Feb. geschl. Erw. 5 €, Kinder 6–17 J 2,50 €, bis 5 J. frei

Parken

Kostenpflichtige Parkplätze: ■ Parkhaus Endertstr. 20, Parkplatz Stadionstraße 2, Parkplatz Pinnerstraße, weitere Parkplätze über www.parkopedia.de

Restaurants

€€ | Alte Thorschenke Regionale Spezialitäten und Weine, historisches Ambiente. Schon Napoleon soll hier gespeist haben. ■ Brückenstr. 3, 56812 Cochem, Tel. 02671/7059, www.thorschenke.de, tgl. 11.30–20.30 Uhr

€€ | Neos – Moseltypisches aus frischen saisonalen Produkten der Region, Vegetarisches und Veganes, ausgesuchte Weine. ■ Liniusstr. 4, 56812 Cochem, Tel. 02671/9153370, www.neos-restaurant.com, Di–So 17–22 Uhr (Küche bis 21 Uhr)

Die Fachwerkhäuser verleihen dem Marktplatz einen ganz besonderen Reiz

€ | Sabrinas Küche Kuchen, belegte Baguettes, Zwiebelkuchen, Suppen und andere leckere Kleinigkeiten. Frühstück in drei Größen, Spielecke für Kinder. ■ Schlossstr. 2, 56812 Cochem, Tel. 02671/8201, www.sabrinaskueche.de, Mi–Sa 9–17 Uhr

Einkaufen

Museumsladen Edelsteinmuseum Schmuck, Edelsteine, Fossilien und Minerale, auch ohne Museumsbesuch zugänglich. Großes Sortiment aus Edelstein- und Silberschmuck in Handarbeit, darunter viele Unikate, die gar nicht mal so teuer sind. ■ Unterbachstr. 5, 56812 Cochem, Tel. 02671/4267, April–Okt. Mo–Sa 10–18, sonst je nach aktueller Situation (Wetter, Temperatur, Tourismus) vor geplantem Besuch telefonisch Öffnungszeiten erfragen. Jan., Feb. geschl.

Cochemer Genusskontor Regionale Genüsse: Weine, Obstbrände, Gewürze, Essige und Öle, Marmeladen und vieles mehr. Für den Eigenbedarf oder als Geschenk. ■ Markt 7, 56812 Cochem, Tel. 02671/918995, www.cochemergenusskontor.de, Mo–Fr 10–18 Uhr

Erlebnisse

Historische Senfmühle

| Museum |

20 *Kitzelt die Geschmacksnerven: ungewöhnliche Senfsorten*

Während einer Führung erleben Besucher, wie die 200 Jahre alte Senfmühle Gourmet-Senf nach Originalrezepten aus dem 15. und frühen 19. Jh. herstellt. Um die 180 kg werden in der Mühle täglich produziert, darunter zahlreiche Varianten wie der Riesling- oder der Curry-Senf. Im Eingangsbereich kann man auch ohne Führung kosten und den Lieblingssenf auch gleich kaufen.

■ Endertstr. 18, 56812 Cochem, Tel. 02671/607665, www.senfmuehle.net, tgl. 10–18, Führungen tgl. 11, 14, 15 und 16 Uhr, Eintritt 2,50 €, Kinder bis 11 J. frei.

Kinder

Wild-/Freizeitpark Klotten/Cochem Neben typischen Freizeitpark-Attraktionen gibt es eine Falknerei und Tiere wie Bergziegen, Hauskaninchen und Meerschweinchen, aber auch Exoten wie Nasenbären oder Nutrias. ■ Wildparkstr. 1, 56818 Klotten, www.klotti.de, April–Mai und Sept.–Okt. 10–17, Juni–Aug. 9.30–18 Uhr, Erw. 29,50 €, Kinder bis 14 J. 27,50 € (jeden Fr Mitte April–Ende Okt. Familientag zu 26,50 € p. P.)

30 Pommern

Der »Obstgarten« der Mosel: Hier gab es nicht nur Trauben

Information

■ Tourist-Information Treis-Karden, St.-Castor-Str. 87/Im Bahnhof, 56253 Treis-Karden, Tel. 02672/9157700, www.treis-karden.de, Mai–Okt. Mo–Fr 9–12 und 14–17, Sa 9–12, Nov.–April Mo–Do 9–12 und 14–16, Fr 9–13 Uhr

Die Römer gaben dem Ort den Namen Pomaria (Obstgarten), da sie hier außer Weinreben auch andere Früchte anbauten. Unter den Franken wurde daraus Pommern. Im Ort stehen nicht nur hübsche Winzervillen und Fachwerkhäuser aus dem 16. bis 18. Jh., sondern mit dem ehemaligen Hofhaus der Abtei Himmerod auch das älteste, vielleicht auch schönste Pfarrhaus des Bistums Trier. Es kann nur von außen besichtigt werden.

Sehenswert

Archäologiepark Martberg

| Stätte |

21 *Auf den Spuren von Kelten und Römern*

Der keltische Stamm der Treverer errichtete auf dem 180 m über der Mosel liegenden Berg um 100 v. Chr. eine befestigte Siedlung, ein sogenanntes Oppidum, samt Kultstätte. Man nimmt an, dass der Martberg ein mächtiges politisches, wirtschaftliches und religiöses Zentrum der Kelten war, von dem Fürsten über das Gebiet der Untermosel herrschten. Als die Römer im 1. Jh. n. Chr. im Tal siedelten, bauten sie den heiligen Bezirk der Kelten auf dem höchsten Punkt des Berges aus. Ab dem 3. Jh. befand sich ein mächtiger gallo-römischer Umgangstempel im Zentrum. Der Tempelbezirk wurde im Zuge der Christianisierung um 400 n. Chr. aufgegeben. Während der Ausgrabungen seit Ende des 19. Jh. fand man auf dem Martberg zahlreiche Opfergaben wie Fibeln, Münzen, Waffen, Schmuckgegenstände, Miniaturgefäße aus Ton sowie zwei Inschriftensteine, welche die Verehrung des Gottes Lenus Mars belegen. Es wurden unzählige Münzen gefunden, von denen sich mehr als 10 000 in den Sammlungen von Museen befinden. Rund 2000 Münzen sind keltische Prägungen. Im Jahr 2004 wurde damit begonnen, den Tempelbezirk auf den antiken Grundmauern wieder aufzubauen. Teile der keltischen Siedlung wurden rekonstruiert, ebenso der gallo-römische Tempel mit prächtigen Wandmalereien. Viele Fundstücke aus den Ausgrabungen sind im Stiftsmuseum Treis-Karden ausgestellt.

■ Martberg, 56829 Pommern, Tel. 02672/9149513, www.martberg-pommern.de, Parkgelände ganzjährig frei zugänglich, Tempel Mai–Okt. Sa, So 11–17 Uhr, Erw. 2 €, Kinder bis 12 J. frei. Der Martberg ist ab Pommern ausgeschildert

Restaurants

€€ | Onkel Otto Saisonale und regionale Speisen, von deftiger Hausmannskost bis hin zur französischen Küche. Hübsches Restaurant, mit viel Liebe zum Detail eingerichtet. Auch einen gemütlichen Biergarten gibt es.

■ Lindenstr. 13, 56829 Pommern, Tel. 02672/2407, www.onkel-otto.com, Di–Sa 17–22, So 11.30–13.30 und 17–22 Uhr. Reservierung erforderlich

31 Treis-Karden

Hier kreuzten sich die Handelswege zwischen Eifel und Hunsrück

Information

■ Tourist-Information Treis-Karden, St.-Castor-Str. 87/Im Bahnhof, 56253 Treis-Karden, Tel. 02672/9157700, www.treis-karden.de, Mai–Okt. Mo–Fr 9–12 und 14–17, Sa 9–12, Nov.–April Mo–Do 9–12 und 14–16, Fr 9–13 Uhr

Wahrzeichen von Karden ist die ehemalige Stiftskirche St. Castor, deren hohe weiße Türme den Ort beherrschen. Die katholische Pfarrkirche, auch Moseldom genannt, gilt als bedeutendste Kirche an der Mosel zwischen Trier und Koblenz. Benannt ist die Kirche nach dem Priester Castor von Karden, der im 4. Jh. in Karden mit drei Gefährten die erste Christengemeinde an der Mosel gründete. Nach seinem Tod um 400 wurde er im heutigen Stiftsbezirk begraben. In einem der Stiftshäuser um die Kirche befand sich die ehemalige Stiftsschule, in der bis zur Gründung der Universität Trier die Ausbildung der Priester stattfand. Über Treis thronten einst die Burgen Treis und Wildburg. Von der Ersteren aus dem 11. Jh. ist heute nicht mehr viel übrig, die andere ist in Privatbesitz und bewohnt.

Sehenswert

Stiftsmuseum

| Museum |

Das Museum neben der Stiftskirche präsentiert 2000 Jahre Religionsgeschichte. In der keltisch-römischen Abteilung sind zahlreiche Fundstücke vom Martenberg ausgestellt, die anderen Abteilungen zeigen die lange Geschichte des Kollegiatstifts St. Castor sowie sakrale Kunstgegenstände aus dem Umfeld des Stifts.

■ St.-Castor-Str. 2, 56253 Treis-Karden, Kontakt über Tourist-Information Tel. 02672/9157700, Mai–Okt. Fr–So 15–17.30 Uhr, Erw. 3 €, erm. 2 €, Kinder 6–17 J. 1,50 €, Familienkarte 6,50 €

Restaurants

€–€€ | Pizzeria La Mula Knusprige Steinofenpizza und leckere Pastagerichte. Außenbestuhlung. ■ Am Markt 4, 56253 Treis-Karden, Tel. 02672/2077, www.pizzerialamula.de, Do–Di 11.30–14 und 17.30–21 Uhr

32 Moselkern

Das Tor zur Burg Eltz inmitten von Wäldern und Weinbergen

Information

■ Tourist-Information Treis-Karden, St.-Castor-Str. 87/Im Bahnhof, 56253 Treis-Karden, Tel. 02672/9157700, www.treis-karden.de, Mai–Okt. Mo–Fr 9–12 und 14–17, Sa 9–12, Nov.–April Mo–Do 9–12 und 14–16, Fr 9–13 Uhr

Der kleine Winzerort erstreckt sich vom Moselufer bis ins romantische Elztal, wo nur wenige Autominuten entfernt die mächtige Burg Eltz thront. Wahrzeichen des Ortes ist die Replika eines Merowingerkreuzes auf dem Vorplatz der Pfarrkirche St. Valerius. Das Original aus der Zeit um 700 wurde 1915 auf dem Friedhof entdeckt und steht heute im Landesmuseum Bonn. Die Merowinger waren das älteste Königsgeschlecht der Franken (5. Jh.–Mitte 8. Jh.). Die Grabstele gilt als früheste bildhauerische Darstellung des gekreuzigten Jesu nördlich der Alpen. Zweites Wahrzeichen des Dorfes ist das Rathaus aus dem Jahr 1535, das älteste an der Mosel, das in seiner langen Geschichte diverse Institutionen beherbergte und seit 2002 wieder als Rathaus genutzt wird.

Sehenswert

Alte Wollfabrik

| Industriedenkmal |

Die 1813 gegründete Decken- und Flanellfabrik C. Haan & Söhne war einst das wirtschaftliche Zentrum des Ortes, in dem zeitweise bis zu 300 Menschen arbeiteten – mehr als die Hälfte der Einwohner. Ein verheerendes Hochwasser richtete jedoch solche Schäden an, dass die Betreiber 1993 gezwungen waren, in Konkurs zu gehen. Nachdem die Wollfabrik fast zwei Jahrzehnte lang im Dornröschenschlaf schlummerte, gründete sich der »Förderverein Wollfabrik«, der dem alten Industriegebäude neues Leben einhauchte und plant, ein Kulturzentrum daraus zu machen.

■ Elztal 10, 56254 Moselkern. Das Gebäude ist nur von außen zu besichtigen und ansonsten nur am Tag des offenen Denkmals zugänglich

Burg Eltz

| Burg |

22 *Die Burg der Burgen wurde spektakulär auf einen Felsen gebaut*

Als eine der wenigen Burganlagen zwischen Trier und Koblenz wurde die Eltz weder erobert noch zerstört. Sie entspricht der Vorstellung einer mittel-

Burg Eltz hatte Glück und überstand die Jahrhunderte unbeschadet

Die Einrichtung des Kurfürstenzimmers stammt noch aus dem 17./ 18. Jh.

alterlichen Burg schlechthin. Die Hochburg, die auf einem Felskopf mitten im Wald thront und mit ihren vielen Türmchen und Erkern einem Märchenschloss gleicht, wurde zu Beginn des 12. Jh. im Auftrag der Grafen von Eltz errichtet und befindet sich noch heute im Familienbesitz. Dass der Bau etwas verschachtelt wirkt, liegt daran, dass die Burg im Laufe der Jahrhunderte mehrmals ausgebaut und erweitert wurde. Ein Teil der Einrichtung stammt noch aus dem Mittelalter, ein Hingucker sind die Wand- und Deckenmalereien in einigen Zimmern, der Rittersaal mit dem Original-Wappenfries sowie die Gold- und Silberarbeiten in der Schatzkammer. Bekanntestes Kunstwerk auf der Burg ist »Die Madonna mit dem Kinde und Weintrauben« von Lucas Cranach d. Ä. »Hoch, mächtig, verblüffend, finster. So etwas habe ich noch nicht gesehen«, schrieb der französische Schriftsteller Victor Hugo nach einem Besuch auf Eltz in sein Tagebuch, und der englische Maler William Turner verewigte die Burg der Burgen auf Leinwand.

■ 56294 Wierschem, Tel. 02672/950500, www.burg-eltz.de, April–Ende Okt.. tgl. 9.30–17 Uhr, Eintritt inkl. Burgführung,

ADAC Wussten Sie schon?

Die Burg Eltz zierte Geldscheine und Briefmarken. Erstmals war sie 1921 auf der Rückseite des 1-Mark-Notgeldscheins der Stadt Münstermaifeld abgebildet, von 1961 bis 1995 auf der Rückseite des 500-D-Mark-Scheins. Im Februar 1977 erschien eine 40-Pfennig-Briefmarke mit ihrem Motiv.

Erw. 14 €, erm. 7 €, Kinder unter 6 J. frei, Familien (2 Erw. ab 1 Kind) 34 €

33 Brodenbach

Idyllischer Ort am Moselufer mit mittelalterlichem Highlight

Information

■ Tourist-Information, Moselufer 19, 56332 Brodenbach, Tel. 026 05/23 84, www.brodenbach-mosel.de, April–Okt. Mo 8–12, Di–Sa 8–12 und 15–18, Nov.–März Mo 8.30–12, Di–Fr 8.30–12 und 15–18 (Di, Do bis 17), Sa 8.30–12 und 14.30–16.30 Uhr

Das kleine, weniger als 650 Einwohner zählende Dorf liegt zwischen den beiden waldreichen Seitentälern des Brodenbaches und des Ehrbaches am Ufer der Mosel. Hauptattraktion ist die Ehrenburg im unteren Ehrbachtal.

Sehenswert

Ehrenburg

| Burg|

Erstmals urkundlich erwähnt wurde die Burg 1161, als Kaiser Friedrich I. »Barbarossa« in einem Streit zwischen dem Trierer Erzbischof und dem Pfalzgrafen bei Rhein um den Besitz der Burg als Schlichter auftrat. Die als Raubritterburg gefürchtete Ehrenburg wechselte im Laufe der Jahrhunderte mehrmals die Besitzer und wurde im Zuge des Pfälzischen Erbfolgekrieges 1689 zu großen Teilen von französischen Truppen gesprengt. Seit 1991 befindet sie sich in Privatbesitz und wurde seit 1992 restauriert, wieder aufgebaut und wird heute als Hotel genutzt. An allen Sonn- und Feiertagen findet das Programm »Lebendige Burg« statt. Dann wird das Mittelalter lebendig, und Groß und Klein wandern auf den Spuren der Ritter. Geboten werden Bogenschießen und historisches Handwerk zum Mitmachen – vom Töpfern bis hin zum Fladenbrotbacken.

■ 56332 Brodenbach, Tel. 026 05/30 77, www.ehrenburg.de, April–1. Nov. tgl. 11–17 Uhr, Erw. 4 €, Kinder 3 €, »Lebendige Burg« Erw. 5,50 €, Kinder 4,50 €

Restaurants

€ | Restaurant Burghotel Ehrenburg

Auf der Karte stehen günstige Wochengerichte wie »Des Pfalzgrafen Leibgericht«, »Für Ritter und Reisige« oder »Heinrichs Gaumenschmeichler« und viele andere Speisen mit originellen Namen. Vegetarisch und vegan auf Anfrage und Voranmeldung.

■ 56332 Brodenbach, Tel. 026 05/30 77, www.ehrenburg.de, tgl. 9–17 Uhr. Ab 19 Uhr wird für Hotelgäste ein 3-Gänge-Burgmenü angeboten, für externe Gäste nur mit Voranmeldung

34 Alken

Einer der ältesten Orte an der Untermosel

Information

■ Tourist-Information Sonnige Untermosel, Moselstr. 7, 56332 Alken, Tel. 026 05/847 27 36, www.sonnige-untermosel.de, April–Okt. Mo–Fr 9–12 und 13–17, Sa, So 9–13, Nov.–März Mo–Fr 9–12 und 13–16 Uhr

Der Ortsname lässt darauf schließen, dass schon der keltische Stamm der Treverer hier siedelte. Olk bedeutete pflügbares Land bzw. »olca« Ackerland im Gallischen. Sehenswert im Ort ist die Alte St. Michaelskirche, eine der ältesten Kirchen an der Mosel, die urkundlich erstmals 1015 erwähnt wurde. Über einen von 14 Kreuzwegstationen flankierten Steintreppenaufgang gelangt man in den farbenprächtig dekorierten Innenraum der ehemaligen katholischen Pfarrkirche. Die Fresken im Chorraum entstanden im 14. Jh. Unter der Kapelle befindet sich ein Beinhaus mit Skelettresten aus dem 14.–18. Jh. Ein Gitter gewährt einen Blick hinein.

■ Von-Wiltberg-Straße, 56332 Alken, Ostern–Ende Okt. So und Fei 14–17 Uhr

Sehenswert

Burg Thurant

| Burg |

Die Burg, die hoch über Alken thront, wurde zwischen 1198 und 1206 von Pfalzgraf Heinrich erbaut. Da der Graf am Dritten Kreuzzug unter Führung von Friedrich Barbarossa, Philipp II. von Frankreich und Richard Löwenherz teilgenommen hatte und dabei die Burg Thuron im heutigen Libanon belagert hatte, benannte er seine Burg nach ebendieser. Thurant gelangte Mitte des 13. Jh. durch Belagerung in den gemeinsamen Besitz der Erzbistümer von Köln und Trier, die die Anlage durch eine Trennmauer in der Mitte teilten und einen zweiten Bergfried errichteten. So entstand eine Doppelburg: die Trierer und die Kölner Burg. Wie die meisten Burgen im Moseltal wurde auch diese Burganlage während des Pfälzischen Erbfolgekrieges im 17. Jh. von französischen Truppen zum großen Teil zerstört. Im 19. und 20. Jh. wurde die Burg wieder aufgebaut. Ein Gebäude der Trierer Burg wird heute als Ferienwohnung genutzt, in der Kölner Burg können im Turm Folterinstrumente bestaunt werden, und tief unten im Verlies liegt sogar ein echtes Skelett.

■ 56332 Alken, Tel. 026 05/20 04, www.thurant.de, März–April tgl. 10–17,

Eine weitere gut erhaltene mittelalterliche Burg an der Mosel ist Burg Thurant

Mai–Okt. 10–18 bzw. ab Mitte Okt. bis 17, 1.–15. Nov. 10–16 Uhr, 16. Nov.–28. Feb. geschl., Erw. 4,50 €, Kinder ab 7 J. 3 €. Hunde sind nicht gestattet

Restaurants

€–€€ | Landhaus Zimmermann Klassiker der Moselküche und anderes in urigem Ambiente. ■ Moselstr. 1, 56332 Alken, Tel. 02605/3383, www.landhaus-zimmermann.com, Di–So 12.30–15 (So ab 12) und 17–22.30 Uhr

35 Kobern-Gondorf

Ortsgemeinde mit vier Burgen am linken Moselufer

Information

■ Touristik und Kultur Kobern-Gondorf, Lennigstr. 12–14, 56330 Kobern-Gondorf, Tel. 02607/1055, www.kobern-gondorf.de, Di 9–12.30, Mi, Fr 9–12.30 und 13.30–17, Sa 10–13 Uhr

Der Doppelort glänzt mit historischer Bausubstanz: Oberburg »Schloss von der Leyen«, Niederburg »Schloss Liebieg« in Gondorf; Ober- und Niederburg im Ortsteil Kobern.

Sehenswert

Schloss von der Leyen

| Schloss |

Die im 12. Jh. erbaute Burg wurde um 1560 von den Fürsten von der Leyen zu einem repräsentativen Schloss umgestaltet. Heute befindet sich darin ein Wein- und Heimatmuseum.

■ Von-der-Leyen-Platz 5, 56330 Kobern-Gondorf, 1. Mai bis letzter Sonntag im Okt. Sa 11–14, So 14–16 Uhr, Eintritt frei

Schloss Liebieg

| Schloss |

Die ehemalige Gondorfer Niederburg wurde zerstört und 1859/60 als prachtvolles neugotisches Schlösschen wieder aufgebaut. Heute ist es in Privatbesitz und wird für die Präsentation von Antiquitäten und Kunst genutzt.

■ Römerstr. 52, 56330 Kobern-Gondorf, Sa 9–17 Uhr, Eintritt frei

Matthiaskapelle

| Kapelle |

Sie gilt als schönstes Bauwerk von Kobern. Der für die Mosel untypische sechseckige spätromanische Bau entstand in der ersten Hälfte des 13. Jh. als Reliquienkapelle, in der das Haupt des Apostels Matthias bis zum 14. Jh. aufbewahrt wurde. Heute befindet er sich in der Benediktinerabtei in Trier – die Echtheit ist allerdings nicht bestätigt.

■ 56330 Kobern-Gondorf, Palmsonntag–Allerheiligen So und Fei 11–17 Uhr, Eintritt frei

Restaurants

€–€€ | Restaurant am Markt Regionales, Wild, Fisch und Vegetarisches. Außenbestuhlung. ■ Marktplatz 8, 56330 Kobern-Gondorf, Tel. 02607/973762, Di–So 10–22 Uhr

Einkaufen

Weingut Freiherr von Schleinitz Es gehört zu den renommiertesten an der Untermosel und produziert auf seinen 20 ha Anbaufläche neben dem Klassiker Riesling auch Burgunder und Sekt. ■ Kirchstr. 15–17, 56330 Kobern-Gondorf, Tel. 02607/972020, www.vonschleinitz.de, Besuch und Weinprobe nach telefonischer Vereinbarung

36 Koblenz

Die Mosel verabschiedet sich und fließt in den Rhein

Blick auf das Deutsche Eck, die beiden Flüsse und die ganze Stadt

Information

- Tourist-Information im Forum Confluentes, Zentralplatz 1, 56068 Koblenz, Tel. 02 61/129 16 10, www.koblenz-touristik.de, tgl. 10–18 Uhr, Plan S. 160/161 c2
- Parken siehe S. 164

Confluentes, »die Zusammenfließenden«, nannten die Römer die Stadt, als sie sich vor über 2000 Jahren hier niederließen. Nach den Römern kamen im 5. Jh. die Franken, die in Koblenz einen Königshof begründeten und die ersten christlichen Gotteshäuser errichteten. Unter der Herrschaft der Erzbischöfe und Kurfürsten von Trier ab dem 9. Jh. entstanden Festungsanlagen, Kirchen und Schlösser, so die Florins- und Liebfrauenkirche, die Festung Ehrenbreitenstein und das Kurfürstliche Schloss. Als die Stadt 1798 von französischen Revolutionstruppen eingenommen wurde, flohen die Bischöfe und Koblenz wurde zur Hauptstadt des französischen Départements Rhin et Moselle. Die Besatzung dauerte bis 1814, danach ging die Stadt ans Königreich Preußen. Nach dem Ersten Weltkrieg wurde Koblenz zuerst von den Amerikanern, dann von den Franzosen besetzt. 1944 zerstörte der Bombenhagel der Royal Air Force die Stadt zu 87 %. Das historische

Stadtbild war verloren, und die Stadt am Zusammenfluss von Mosel und Rhein gehörte nicht gerade zu den Top-Zielen von Städtereisenden. Das änderte sich mit der Bundesgartenschau 2011, die fast wie eine Schönheitskur auf die Stadt wirkte. Es entstand die Seilbahn, die das Deutsche Eck mit der Festung Ehrenbreitstein verbindet, die Rhein- und Moselpromenaden wurden modernisiert und bepflanzt, und zwei Jahre später wurde das monumentale Kulturzentrum Forum Confluentes mit dem Romanticum und Mittelrhein-Museum eröffnet, das zahlreiche Besucher aus dem In- und Ausland anzieht.

Plan S. 160/161

ADAC Spartipp

Die KoblenzCard für 24 Stunden gewährt freie Fahrt mit öffentlichen Verkehrsmitteln im gesamten Stadtgebiet, 50 % Ermäßigung auf reguläre Eintrittspreise im Ludwig Museum, Mittelrhein-Museum und Romanticum sowie auf eine Altstadtführung und vieles mehr. Die Karte kostet 9,80 € p. P. und ist in der Tourist-Information im Forum Confluentes erhältlich.

Sehenswert

1 Deutsches Eck

| Landzunge |

23 *»Mutter Mosel« trifft auf »Vater Rhein«*

Der Name der künstlich aufgeschütteten Landzunge geht auf die römisch-katholische Ordensgemeinschaft »Deutscher Orden« zurück, die sich im frühen 13. Jh. in Koblenz niederließ. Die Stelle hieß anfangs »Deutscher Ordt«, später wurde daraus Deutsches Eck. Wahrzeichen der Landzunge ist das monumentale Kaiser-Wilhelm-Denkmal. Gedacht wird mit dem 1897 eingeweihten Reiterstandbild Kaiser Wilhelms I., der nach drei Kriegen die vollendete Einigung Deutschlands herbeigeführt hatte. Das 37 m hohe Monument gehört seit 2002 zum UNESCO-Welterbe »Oberes Mittelrheintal« und zählt zu den Besuchermagneten der Stadt. Das Originaldenkmal wurde während des Zweiten Weltkrieges bis auf den Sockel zerstört. Dieser wurde von Bundespräsident Theodor Heuss im Mai 1953 zum »Mahnmal der deutschen Einheit« umfunktioniert, verlor durch die Wiedervereinigung im Jahr 1990 jedoch seine sinnstiftende Bedeutung. Werner Theisen, der ehemalige Verleger der Rhein-Zeitung, finanzierte mit einer Spende die Rekonstruktion des Reiterstandbildes, das im September 1993 auf den Sockel gehoben wurde. Der Original-Kopf des Denkmals, welcher der Zerstörung entging, ist im Mittelrhein-Museum ausgestellt.

■ Konrad-Adenauer-Ufer, 56068 Koblenz; das Deutsche Eck ist jederzeit frei zugänglich

2 Ludwig Museum

| Museum |

Das Kunstmuseum liegt einen Steinwurf vom Deutschen Eck entfernt im historischen Deutschherrenhaus, das 1990–1992 zum Ludwig Museum umgebaut wurde. Der Schwerpunkt der Ausstellung liegt auf zeitgenössischer französischer Kunst nach 1945, aber auch Werke deutscher und amerikanischer Künstler wie Max Ernst, Andy Warhol und Man Ray werden gezeigt.

■ Danziger Freiheit 1, 56068 Koblenz, Tel. 02 61/304 04 16, www.ludwigmuseum.org, Di–Sa 10.30–17, So 11–18 Uhr, Erw. 6 €, erm. 4 €, Kinder bis 12 J. frei, Familien 10 €

3 Basilika St. Kastor

| Kirche |

Die 836 geweihte Kastorkirche schrieb 842 Geschichte, als sich die fränkischen Herrscher Lothar I., Karl der Kahle und Ludwig der Deutsche in der Kirche trafen, um die Bestimmungen über die fränkische Reichsteilung auszuhandeln, die im Jahr darauf im Vertrag von Verdun unterzeichnet wurden. Das Westfrankenreich ging an Karl den Kahlen, Ludwig wurde König des Ostfrankenreichs und Lothar bekam das »Mittelreich« Lotharii Regnum. In den folgenden Jahren wurde St. Kastor zum wichtigen Treffpunkt der Kaiser und Könige, die hier ihre Streitigkeiten verhandelten und beilegten.

Das letzte bedeutende Treffen von Machthabern in der Kastorkirche fand 1338 statt, als Kaiser Ludwig der Bayer und der englische König Eduard III. Bund und Freundschaft besiegelten. Ihre heutige Form erhielt die Kirche durch Baumaßnahmen im 12. Jh., der Gründungsbau ist in Teilen jedoch im Bau enthalten. Die älteste erhaltene Kirche der Stadt wurde nach dem hl. Kastor benannt. Castor von Karden, der wahrscheinlich aus Aquitanien stammte, wurde von Bischof Maximin von Trier zum Priester geweiht und

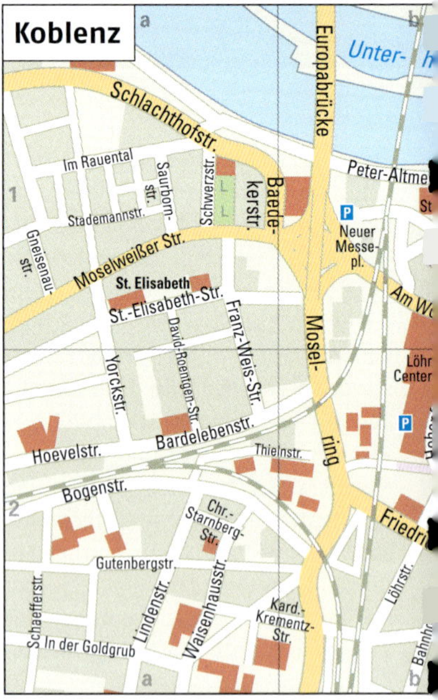

gründete in Karden im 4. Jh. eine Klostergemeinschaft. Seine Reliquien wurden 837 in die Kastorkirche übertragen, und Castor gilt seitdem als Schutzpatron von Koblenz.

Auf dem Platz vor der Kirche steht der Kastorbrunnen, der 1812 im von Frankreich besetzten Koblenz zum Gedenken an Napoleons Russlandfeldzug errichtet wurde. Übersetzt lautet die Inschrift: »An Napoleon den Großen, 1812 zum Gedenken an den Russlandfeldzug«. Der Brunnenbau samt Inschrift waren etwas voreilig, denn Napoleon wurde in Russland eine verheerende Niederlage beschert. Zwei Jahre mussten die Franzosen Koblenz den Russen überlassen. Der russische Kommandeur bewies Humor und ergänzte die Inschrift im Brunnen auf Französisch mit den Worten, die übersetzt lauten: »Gesehen und genehmigt von uns, dem russischen Kommandanten der Stadt Koblenz, am 1. Januar 1814«.

■ Kastorhof 4, 56068 Koblenz,
Tel. 02 61/367 22, Mo–So 9–18 Uhr,
www.sankt-kastor-koblenz.de

4 Romanticum

| Museum |

24 *Virtuelle Dampferfahrt auf dem Rhein*

Die selbst geführte Tour im Romanticum beginnt mit einer virtuellen Zeitreise auf einem Rheindampfer, während der man an interaktiven Stationen jede Menge über den Fluss und die Rheinromantik des 19. Jh. erfährt. Typische Schiffsgeräusche aus unsichtbaren Lautsprechern vermitteln einem das Gefühl, dass man sich tatsächlich auf einem Dampfer befindet. An 30 Stationen können die Inhalte auf der Eintrittskarte gespeichert werden und später auf einer individuell für den

Farbenfrohe Fassaden säumen den Jesuitenplatz

Besucher erstellten Webseite wieder abgerufen werden. Das macht besonders Kindern Spaß: Im Untergeschoss können Groß und Klein Scherenschnitte von sich selbst gestalten.

■ Zentralplatz 1, 56068 Koblenz, Tel. 02 61/129 16 10, www.romanticum.de, tgl. 10–18 Uhr, Dauerausstellung Erw. 7 €, Kinder ab 13 J. 5 €, bis 12 J. 2 €, Familien 15 €

5 Mittelrhein-Museum

| Museum |

In dem Museum neben dem Romanticum werden Gemälde, Skulpturen, Kunsthandwerk und andere Objekte vom Mittelalter bis zum 21. Jh. gezeigt, wobei der Schwerpunkt der Dauerausstellung auf der Gemäldesammlung liegt. Unter dieser befinden sich holländische und flämische Malerei aus dem 17. Jh., deutsche Malerei aus dem 18. Jh., Rheinromantik aus dem 19. Jh., aber auch Werke von Emil Nolde und lyrische Abstraktionen der Nachkriegszeit. Wertvollstes Gemälde ist »Der Turm von Babel« von Lucas van Valckenborch aus dem 16. Jh., das älteste Exponat ist ein über 5000 Jahre altes Jadebeil in der Schatzkammer.

■ Zentralplatz 1, 56068 Koblenz, Tel. 02 61/129 25 20, www.mittelrhein-museum.de, Di–So 10–18 Uhr, Dauerausstellung Erw. 6 €, erm. 4 €, Kinder bis 12 J. frei, Dauer- und Sonderausstellung 12 €, Tipp: günstiges Kombiticket für Mittelrhein-Museum und Romanticum

6 Jesuitenplatz

| Platz |

Für viele ist er der schönste Platz der Stadt. Benannt wurde er nach der Ordensgemeinschaft der Jesuiten, die hier von 1580 bis 1773 wirkte. Auf der Südseite des Platzes befindet sich das zwischen 1694 und 1701 errichtete Jesuitengymnasium, das mit seinen Türmen und Portalen einem Schloss ähnelt. Seit dem späten 19. Jh. ist hier das

Rathaus untergebracht. In der südöstlichen Ecke steht die ehemalige Jesuitenkirche (heute Citykirche) aus dem frühen 17. Jh., die 1944 während der Luftangriffe auf Koblenz fast komplett zerstört wurde. Der heutige Kirchenbau stammt aus dem Jahr 1959. Mittelpunkt des Platzes ist das Johannes-Müller-Denkmal, das dem Koblenzer Mediziner Johannes Müller (1801–1858) gewidmet ist, der als einer der bedeutendsten Physiologen des 19. Jh. gilt und unweit des Platzes geboren wurde. Er war ab 1833 Direktor der Berliner Anatomie. Sein Hauptwerk »Handbuch der Physiologie des Menschen« wurde weltberühmt.

7 Schängelbrunnen

| Brunnen |

Der Brunnen, ein Wahrzeichen der Stadt, steht im Innenhof des Rathauses. Auf dem Sockel steht ein bronzener Lausbub, der alle paar Minuten eine Wasserfontäne ausspuckt. Schängel ist der Spitzname der Koblenzer. Der Begriff stammt aus der Zeit, als Koblenz zu Frankreich gehörte (1794–1814). Gemeint waren damit die Kinder deutscher Mütter und französischer Väter. Da der häufigste Jungenname damals Hans oder Johann war, nannte man die Jungen nach der französischen Variante Jean, was die meisten Koblenzer aber nicht korrekt aussprechen konnten. In ihrer Mundart wurde aus Jean Schang und in der Verniedlichung der Schängel. Ursprünglich war Schängel das Synonym für uneheliches Kind, später entwickelte sich der Name zum Spitznamen der Koblenzer.

■ Willi-Hörter-Platz; zu dem Innenhof, der rund um die Uhr geöffnet ist, gelangt man durch einen Rundtorbogen am Jesuitenplatz

8 Liebfrauenkirche

| Kirche |

Die im 12. Jh. auf dem höchsten Punkt der Stadt errichtete Kirche, deren Zwiebeltürme die Silhouette der Altstadt prägen, war bis zur Französischen Revolution die Hauptpfarrkirche von Koblenz. Sie wurde bei den Luftangriffen auf Koblenz 1944 weitgehend zerstört, 1955 aber wieder aufgebaut. In der Kirche befinden sich bedeutende Grabmäler der Renaissance. Hingucker sind die dekorierten Strebepfeiler im Hauptchor, das spätgotische Sterngewölbe und die Chorfenster aus dem Jahr 1992 mit dem Thema Frauen in der Heilsgeschichte. Täglich um 22 Uhr läutet die Lumpenglocke, im Mittelalter läutete sie um diese Zeit zur Schließung der Stadttore, heute, um den Tag auszuläuten. Danach schweigen die Glocken bis zum Morgen.

■ An der Liebfrauenkirche 16, 56068 Koblenz, www.liebfrauen-koblenz.de, tgl. 8.30–17, nach Ostern bis Ende der Sommerzeit 8.15–19 Uhr

9 Festung Ehrenbreitstein

| Festung |

10 *Die mächtige Festung thront am rechten Rheinufer*

Von hier oben hat man den wohl einzigartigsten Blick auf den Zusammenfluss von Mosel und Rhein. Der Ursprung der Festung 118 m hoch über Koblenz geht auf die Burg Ehrenbreitstein um das Jahr 1000 zurück. Diese ließ Erzbischof Richard von Greiffenklau zu Vollrads im frühen 16. Jh. zu einer Festung ausbauen, die 1801 von den Franzosen gesprengt wurde. In ihrer heutigen Form entstand sie zwischen 1817 und 1833. Mit 14 km Umfang war sie eine der bedeutendsten Befestigungsanlagen Europas und stand bis

1890 im aktiven Dienst. Nach dem Ersten Weltkrieg sollte die Anlage gemäß den Bestimmungen des Versailler Vertrags geschleift werden. Das wurde jedoch dank Henry Tureman Allen, von 1919 bis 1923 kommandierender General der amerikanischen Truppen in Deutschland, verhindert. Er hatte seinen Dienstsitz im Hotel »Coblenzer Hof« am Rheinufer und setzte sich für den Erhalt der Festung ein. Schließlich konnte er den französischen Marschall Ferdinand Foch überzeugen.
Die Festung ist seit 1956 Sitz des Landesmuseums Koblenz, das Dauer- und Wechselausstellungen zu Archäologie, Fotografie, Weinbau sowie Wirtschafts- und Kulturgeschichte zeigt.
■ 56077 Koblenz, Tel. 02 61/667 540 00, www.diefestungehrenbreitstein.de, April–Okt. 10–18, 18–24 Uhr freier Zutritt zu Gelände und Gastronomie, Nov.–März 10–17, 17–24 Uhr freier Zutritt zu Gelände und Gastronomie, Erw. 8 €, Kinder 7–17 J. 4 €, Schüler, Stud., Auszub. 5 €, Familien ab 9,50 €, Kombitickets Festung und Seilbahn hin u. zurück Erw. 19 €, Kinder 8,60 €, Schüler, Stud., Auszub. 10,90 €, www.seilbahn-koblenz.de

10 Mutter-Beethoven-Haus

| Museum |

25 *So lebte die Mutter des großen Komponisten*

Das Geburtshaus von Maria Magdalena Keverich steht im Ortsteil Ehrenbreitstein unterhalb der Festung. In dem Haus aus dem 17. Jh. befindet sich seit 1975 ein Museum, das die Geschichte der Familie Keverich sowie Ausstellungen über Beethovens Jugendzeit, seine Freundschaften und seine Zeit in Wien zeigt. Das Museum widmet sich außerdem dem in Ehrenbreitstein geborenen Dichter Clemens Brentano und anderen Künstlern, die mit Koblenz verbunden sind wie Bettina von Arnim, Henriette Sontag und Sophie von La Roche.
■ Wambachstr. 204, 56077 Koblenz, Tel. 02 61/973 06 69, www.mutter-beethoven-haus.de, So 14–18 Uhr (die Öffnungszeiten werden jährlich neu festgelegt), Erw. 3 €, erm. 2 €

Parken

Die zentralsten Parkhäuser der Stadt: das Forum-Mittelrhein-Parkhaus am Zentralplatz 2, die Parkgarage Löhrstraße und die Tiefgarage Schängel-Center in der Clemensstraße. Auskunft über freie Parkplätze bei www.parkopedia.de

Restaurants

€–€€ | Café Bistro Pfefferminzje In dem urgemütlichen vegetarischen Café werden neben Kaffee und Kuchen Pfannkuchen, Pasta, Suppen, Salatvariationen und Frühstück bis 17 Uhr serviert. Die meisten Gerichte gibt es auch vegan. Bio- und vegane Weine. Jeden Sonntag »All you can eat«-Frühstücksbuffet. Außenbestuhlung und idyllischer Hinterhof. ■ Mehlgasse 12, 56068 Koblenz, Tel. 02 61/201 77 77, www.pfefferminzje.de, tgl. 9–18 Uhr, Mo–Fr 11.30–14 Uhr günstiger Mittagstisch, Plan S. 160/161 c1

€–€€ | L'Osteria Lecker italienisch schlemmen bei Pasta, Pizza und anderem. Die Osteria verfügt über ihre eigene Pastamanufaktur. ■ Am Plan 14–16, 56068 Koblenz, Tel. 02 61/96 09 60 80, www.losteria.de, Mo–Do 11–23, Fr, Sa 11–24, So 12–23 Uhr, Plan S. 160/161 c1

€–€€ | Maximilians Altes Kaufhaus Hier gibt's »Extrawurscht«. Hausgemachte Fleisch- und Wurstspezialitä-

Die Seilbahn führt seit 2011 über den Rhein, hinten die Festung Ehrenbreitstein

ten, dazu Rheinisches Bier. Restaurant mit Biergarten. ■ Unterm Stern 2, 56068 Koblenz, Tel. 02 61/97 34 58 46, www.maximilians-altes-kaufhaus.de, Mi–So ab 11 Uhr, Plan S. 160/161 c1

€–€€ | Restaurant SauBar Deutsche gutbürgerliche Küche ohne viel Schnickschnack im Herzen der Altstadt mit einem ruhigen Innenhof abseits des Trubels. ■ Münzstr. 16a, 56068 Koblenz, Tel. 02 61/98 86 22 66, www.saubar-koblenz.de, Di–Do 16–23, Fr, Sa 12–23 Uhr (Küche bis 21 Uhr), Plan S. 160/161 c1

€€€ | Gerhards Genussgesellschaft Das stilvolle Restaurant mit herrlicher Terrasse gehört zu den ersten Adressen in Koblenz. Auf der Karte stehen kreativ zubereitete internationale Gerichte. ■ Danziger Freiheit 3, 56068 Koblenz, Tel. 02 61/91 49 91 33, www.gerhards-genuss gesellschaft.de, Mi–So 17.30–23, So auch 12–14.30 Uhr (letzte Speisenbestellung abends 20.45 Uhr), Plan S. 160/161 d1

Cafés

€ | Konditorei Café Baumann Schlemmen in hübschem Café mit Kaffeehausflair. Serviert werden saftige Kuchen, leckere Torten, handgemachte Pralinen, Frühstück und Mittagstisch. Mit angeschlossenem Konditoreigeschäft. ■ Löhrstr. 93, Tel. 02 61/314 33, www.cafe-baumann.de, tgl. 9–18 Uhr, Plan S. 160/161 b2

€ | Café Guglhupf Leckere Muffins, Kuchen und andere hausgemachte Leckereien sowie Frühstück und Tagesgerichte in gemütlichem Café im Vintage-Stil in der Nähe des Hauptbahnhofs. ■ Emil-Schüller-Str. 31, 56068 Koblenz, tgl. 9–18 Uhr, Plan S. 160/161 b2

Einkaufen

In den schmalen Gassen der Altstadt reihen sich kleine individuelle Läden für Mode, Schmuck, Home-Accessoires, Porzellan, Schmuck, Bücher etc. aneinander, besonders im Entenpfuhl und in der Kornpfortstraße. Wer lieber im Shoppingcenter einkauft, kann dies im Forum Mittelrhein am Zentralplatz, neben dem Forum Confluentes, tun.

Bio-Terrassen-Weingut Karl Weber Moselweine vom Feinsten! Das ökologische Weingut 20 km flussaufwärts von Koblenz verwendet weder tierische Zutaten noch genmanipulierte Produkte. Traubenernte von Hand, der Most wird auf dem Gut gekeltert. ■ Hauptstr. 3, 56332 Lehmen, Tel. 026 07/40 42, www.weber-lehmen.de; Weinproben und Führungen durch die Weinberge in den Lagen Würzlay, Klosterberg und Lay nach tel. Vereinbarung, Plan S. 160/161 südwestl. a2

Cahua Kleines Ladenlokal mit angebundener Schokoladenmanufaktur. Hier finden Schokoholics köstliche handgefertigte Leckereien Made in Koblenz und können bei einer Tasse heißer Cahua Schokolade durchs Fenster bei der Produktion zuschauen. ■ Görresstr. 2, 56068 Koblenz, Tel. 0172 617 08 68, www.cahua.de, Do, Fr 10–17, Da 11–17 Uhr, Plan S. 160/161 c1

ella b. Casual Chic, Glitter Glam und Accessoires – Damenmode für jeden Tag aber auch für besondere Anlässe. Fashion Labels in verschiedenen Preiskategorien. ■ Entenpfuhl 37, 56068 Koblenz, Tel. 02 61/914 86 40, www.ella-b.de, Mo–Sa 10–18.30 Uhr, Plan S. 160/161 c1

M. C. Moda Hier wird jeder Schuhfan fündig! Italienische Schuhmode für Sie und Ihn. ■ Entenpfuhl 25, 56068 Koblenz, Tel. 02 61/973 77 05, www.mc-moda.de, Mo–Sa 10–19 Uhr, Plan S. 160/161 c1

Søstrene Grene Schönes aus Dänemark. Alles, was man zum schönen Wohnen, zur Inspiration und für die Kreativität braucht. ■ Löhrstr. 56-58, 56068 Koblenz, www.sostrenegrene.com/de, Mo–Sa 9–19 Uhr, Plan S. 160/161 b2

Zoe Stilvolle Boutique mit Stücken von American Vintage, Drykorn, Sack's, Fiorentini + Baker u. a.. ■ Entepfuhl 26, 56068 Koblenz, Tel. 02 61/133 66 99, www.zoe-koblenz.de, Mo–Sa 10–18 Uhr, Plan S. 160/161 c1

Kinder

DB Museum Koblenz Ein Erlebnis für die Kleinen: echte Dampflokmaschinen aus dem 19. Jh., Elektroloks und rund 100 Originalfahrzeuge und Modelle. Die Kinder dürfen die meisten Exponate anfassen, in die Züge einsteigen, und im Garten fährt eine Modelleisenbahn. ■ Schönbornsluster Str. 14, 56070 Koblenz, www.dbmuseum.de/koblenz, Sa 10–16 Uhr, Erw. 4 €, Kinder 6–17 J. 2 €, unter 6 J. frei, Familienkarte 8 €, Plan S. 160/161 nördl. b1

Wasserspielplatz Deutsches Eck Zahlreiche Wasserspiele und Labyrinthe, Spielstationen mit Stauwehren, Sitzsteinen und Schwimmseilen. Für die Eltern interessant: Genau daneben an der Danziger Freiheit 2 befindet sich der Königsberger Biergarten. ■ Plan S. 160/161 d1

Sport

Mosel-Radweg Die 275 km lange Strecke von Koblenz bis ins französische Thionville ist für geübte Radler kein Problem, kann aber auch von allen Freizeitradlern mit guter Kondition in mehreren Etappen bezwungen werden. Die Route verläuft häufig direkt am Ufer und wird von Aussicht auf Weinberge begleitet. ■ Infos und Wegbeschreibung: www.visitmosel.de unter »Raderlebnis«

Koblenz

Perfekt zum Genießen und Träumen

Inmitten der Weinregionen Mosel und Mittelrhein liegt die Weinstadt Koblenz. Vor 2000 Jahren brachten die Römer die ersten Weinreben an Rhein und Mosel und noch heute ist der Wein kulinarisches und kulturelles Gut der Koblenzer und Koblenzerinnen. Machen Sie es wie die Einheimischen und genießen Sie ein Glas Riesling in den Weinbergen mit beeindruckender Aussicht auf die herrlichen Terrassen und Steillagen. Auch in der Stadt selbst können Sie das perfekte Weinerlebnis finden. Koblenz bietet zahlreiche **Stadtführungen** zum Thema Wein, sei es mit Guide oder beim »WeinStadtWandern« in eigener Regie, ausgestattet mit Routenkarte und Weinpaket.

Die meisten **Weingüter** der Stadt bieten zudem Kellerführungen, Weinproben oder sogar Spaziergänge durch den Weinberg an. Und wenn Sie Lust auf mehr als einen Spaziergang haben, können Sie sich beim Wandern auf dem **Moselsteig** auspowern oder mit dem Fahrrad auf dem **Mosel-Radweg** den Flussschleifen folgen und die Region erkunden.

Und dann ist da ja noch die Koblenzer **Altstadt**, gerahmt von sieben schönen Plätzen, verwinkelten Gassen und historischen Gebäuden. Die Koblenzer und Koblenzerinnen sowie Gäste der Stadt genießen hier die Sonnenstrahlen in den Außenbereichen zahlreicher Cafés, Bars und Restaurants und verweilen gemütlich im Herzen der City. Nur ein kleines Stück entfernt am **Deutschen Eck**, dem Zusammenfluss von Rhein und Mosel, erhebt sich das Kaiser-Wilhelm-Denkmal – eines der Wahrzeichen der Stadt. Auf der anderen Rheinseite thront die mächtige **Festung Ehrenbreitstein** 118 Meter über dem Fluss, zu erreichen mit einer Seilbahnfahrt bei spektakulärer Panormaaussicht auf das UNESCO Welterbe Obere Mittelrheintal und Koblenz – perfekt!

Koblenz-Touristik GmbH
www.visit-koblenz.de

Übernachten

Große Hotels sucht man in den romantischen Weinorten der Terrassenmosel vergebens. Dafür gibt es eine unendliche Vielzahl individueller Unterkünfte, und man muss sich entscheiden zwischen Landgasthäusern, charmanten Pensionen, Unterkünften auf Winzerhöfen, in Ferienwohnungen oder auf der Burg.

Pünderich 138

€ | **Wein- und Feriengut Alfred Dahm** Wohnen direkt beim Winzer am Weinberg in hübsch eingerichteten Gästezimmern und Ferienwohnungen. Haustiere können auf Anfrage mitgebracht werden. Zum Weingut gehört auch eine Straußwirtschaft, in der die Winzer während der Saison oder auch nur an einzelnen Tagen moselländische Küche und Wein vom eigenen Weingut servieren. ■ Bahnhofstr. 4, 56862 Pünderich, Tel. 065 42/28 05, www.alfred-dahm.de

Zell 139

€ | **Ferienweingut Dreiherrenmühle** Hier übernachtet man in einer ehemaligen Getreidemühle mitten im Grünen in einem Seitental in Zell-Merl. Es stehen zwei Ferienwohnungen für 2–4 und 2–5 Personen zur Verfügung. Terrasse, überdachter Mühlenhof und großer Garten mit Grillmöglichkeiten, Schaukel und Sandkasten für die Kleinen. Hunde in Ferienwohnung 1 willkommen. Abschließbarer Stellraum für Fahrräder und Motorräder vorhanden. ■ Mühlental 2 + 3, 56856 Zell-Merl, Tel. 065 42/223 65, www.dreiherrenmuehle.de

Bremm 141

€ | **Weinhaus Berg** Das kleine familiengeführte Hotel liegt neben dem Calmont. Nette Zimmer, hoteleigenes Restaurant mit Außenterrasse, regionale Gerichte und Wein aus den umliegenden Weinlagen. Bei der Buchung gibt es ein kostenfreies Gästeticket zur Gratisnutzung der öffentlichen Verkehrsmittel im VRM-Gebiet. Hunde sind willkommen. ■ Moselstr. 39, 56814 Bremm, Tel. 026 75/301, www.weinhausberg.de

Senheim 142

€€–€€€ | **Hotel Weinhaus Halfenstube** Hübsches 4-Sterne-Fachwerkhaus mit Wellnessbereich im Winzerkeller (finnische Sauna, Whirlpool, Erlebnisdusche, Massage- und Kosmetikbehandlungen). Viele Zimmer mit Balkon und Moselblick. Hoteleigenes Restaurant mit Moselterrasse. ■ Moselweinstr. 30, 56820 Senheim-Senhals, Tel. 026 73/45 79, www.hotel-halfenstube.de

Beilstein 144

€–€€ | **Ferienhäuser »Altes Spukhaus« und »Haus kein Moselblick«** Das »Alte Spukhaus« verfügt über vier voll eingerichtete Doppelzimmer und zwei Bäder, das hübsche (Fachwerk-) »Haus kein Moselblick« über zwei Doppelzimmer, ein Mehrbettzimmer, eine große Dachterrasse und einen eigenen Parkplatz. Die Mindestmietdauer beträgt drei Übernachtungen. ■ Bachstr. 50 und 51, 56814 Beilstein, Tel. 02673/90 00 50, www.beilstein-mosel.de/platz/altes-spukhaus/

Cochem 146

€–€€ | Hotel Cochemer Jung Schlafen in zentraler Lage in einem Nullemissionsgebäude – das erste Hotel in Rheinland-Pfalz dieser Art. Die Zimmer des modernen Hotels haben entweder Mosel- oder Altstadtblick. ■ Moselpromenade 2, 56812 Cochem, Tel. 02671/60 52 20, www.cochemer-jung.de

€€ | Hotel Vintage Wohnen in den Räumen der ehemaligen Tarnhäuser des Bundesbankbunkers. Das Hotel im Retro-Design wurde 2016 eröffnet, die Zimmer sind hübsch und gemütlich. Terrasse mit Blick auf den Bunker. ■ Brauselaystr. 5–7, 56812 Cochem-Cond, Tel. 02671/506 70 80, www.hotel-vintage.de

Pommern 151

€ | Ferienweingut Michels-Kaufmann Zweckmäßig und liebevoll ausgestattete Gästezimmer im Gutshaus des Weinguts mit Blick

ADAC Das besondere Hotel

Hotel Burg Arras Das Hotel befindet sich in den Gemächern der Burg Arras, die mitten im Wald hoch über dem winzigen Ort Alf thront. Die um 950 erbaute Burg gilt als die älteste Befestigungsanlage der Region – über die wechselvolle Geschichte erzählt das Burgmuseum. Die zehn Burgzimmer haben Namen und sind individuell eingerichtet. So thront über dem Bett von Zimmer Agnes ein Baldachin, Balduin liegt im Burgtürmchen und gewährt einen Panoramablick in alle Richtungen, und Mathilde verfügt über ein hübsches Himmelbett und einen Whirlpool. Im Burgrestaurant wird Moseltypisches serviert, die Terrasse gewährt einen einzigartigen Blick über das Tal.

€€€ | Hotel Burg Arras, 56859 Alf (ca. 15 Automin. nördlich von Pünderich), Tel. 06542/22275, www.arras.de

auf die Mosel. Reichhaltiges Frühstück. Das Haus verfügt über eine eigene Straußwirtschaft. ■ Moselweinstr. 4, 56829 Pommern, Tel. 02672/1357, www.michels-kaufmann.de

Treis-Karden 152

€ | Hotel Reis Jedes Zimmer dieses kleinen familiären Hotels wurde individuell eingerichtet. Das alte Haupthaus des Hotels wurde um 1762 als Winzer-Gastwirtschaft gebaut, die ersten Fremdenzimmer entstanden vor über 120 Jahren. Das Hotel hat sich Bett & Bike angeschlossen. Abschließbarer Fahrrad- und Motorradkeller vorhanden. ■ Moselallee 23, 56253 Treis-Karden, Tel. 02672/1298, www.hotel-reis.de

Moselkern 152

€ | Im alten Halfenhaus Übernachten in historischem Ambiente, wo früher die »Halfen« schliefen – das waren die Knechte, die die Schiffe im Treidelverkehr flussaufwärts zogen. Gästezimmer oder Ferienwohnung. Parkplatz, Fahrradunterbringung, Haustier willkommen. ■ Moselstr. 5, 56254 Moselkern, Tel. 02672/2516, www.fewo-halfenhaus.de

Brodenbach 155

€€ | Burghotel Ehrenburg Wenn es das Besondere sein soll: Schlafen wie im Mittelalter mit allem modernen Komfort im historischen Burggemäuer. Zum Frühstück gibt es frisch gebackene Brötchen und krustiges Mühlenbrot Hunde willkommen. ■ Ehrenburg, 56332 Brodenbach, Tel. 02605/3077, www.ehrenburg.de

Alken 155

€ | Landhaus Müller Zimmer mit Moselblick oder auf die Burg Thurant, feine bürgerliche Küche. ■ Moselstr. 6, 56332 Alken, Tel. 02605/952512, www.mosel-hotel-alken.de

Kobern-Gondorf 157

€€ | Hotel Simonis Eines der schönsten Fachwerkhäuser des Ortes direkt am historischen Marktplatz. Stilvoll und individuell eingerichtet, Restaurant mit mediterraner Küche. ■ Marktplatz 4, 56330 Kobern-Gondorf, Tel. 02607/9748537, www.hotelsimonis.com

Koblenz 158

€–€€ | Altstadt Hotel & Café Koblenz Zentraler geht's nicht! Hotel in historischen Gebäude mitten in der Altstadt. Geräumige, moderne Zimmer, hauseigenes Café mit Außenbestuhlung. ■ Jesuitenplatz 1, 56068 Koblenz, Tel. 0261/201640, www.altstadt-hotel-koblenz.de, Plan S. 160/161 c1

€€ | Contel Hotel Das 3-Sterne-Haus liegt am Flussufer, die Altstadt ist nur ein Spaziergang entfernt. Hauseigenes Restaurant, Biergarten, Sauna und Fitnessbereich, kostenfreie Tiefgarage. ■ Pastor-Klein-Str. 19, 56073 Koblenz, Tel. 0261/40650, www.contel-koblenz.de, Plan S. 160/161 westl. a1

€€–€€€ | Moselhotel Hähn Ideal für Ausflüge in die Umgebung. Gemütliche Zimmer, Vinothek, karibische Außenterrasse. ■ Wolfskaulstr. 94, 56072 Koblenz, Tel. 0261/ 947230, www.moselhotel-haehn.de, Plan S. 160/161 südwestl. a2

ADAC Service Mosel

Beim **ADAC Info-Service**, in den **ADAC Geschäftsstellen** sowie auf dem **Internetportal des ADAC** (adac.de) erhalten Sie Informationen zu den Dienstleistungen des Automobilclubs und zu Ihrem Reiseziel. So können Sie sich von der **ADAC Trips App** (adac.de/services/apps/trips) via Smartphone oder Tablet-PC inspirieren lassen oder als **ADAC Mitglied** das kostenlose **ADAC Tourset® Mosel** (adac.de/reise-freizeit/reiseplanung/tourset) mit vielen Reiseinfos und Karten anfordern. Bei Pannen und Notfällen steht Ihnen unser Team rund um die Uhr telefonisch und digital (adac.de/hilfe und ADAC Pannenhilfe App) zur Verfügung.

ADAC Info-Service

T 089 558 95 96 97
Infos zu allen ADAC Leistungen
(Mo–Sa 8–20 Uhr gebührenfrei)

ADAC Ambulanzdienst

T +49 89 76 76 76
(Erkrankung, Unfall, Verletzung, Transportfragen, Todesfall)

ADAC Pannenhilfe Deutschland

T 089 20 20 40 00, Mobil 22 22 22
(Verbindungskosten je nach Netzbetreiber/Provider)

ADAC Pannenhilfe Ausland

T +49 89 22 22 22
(Verbindungskosten je nach Netzbetreiber/Provider)

Online-Angebote des ADAC für Ihre Reiseplanung

Service	Webadresse
Reiseinspirationen, -planung und -hinweise	adac.de/reise-freizeit/reiseplanung
Aktuelle Verkehrslage	adac.de/verkehr
Individuelle Routenplanung	adac.de/maps
Infos zu Tankstellen und Spritpreisen	adac.de/tanken
Infos zu mautpflichtigen Strecken	adac.de/mautportal
Infos zu Fährverbindungen	adac.de/faehren
Aktuelle Infos vor Reiseantritt	adac.de/tourmail
Informationen für Camper	adac.de/camping
Informationen für Motorrad- und Oldtimerfahrer	adac.de/reise-freizeit/reisen-motorrad-oldtimer
Informationen für Segler und Skipper	skipper.adac.de
ADAC Reiseangebote	adacreisen.de
ADAC Autovermietung	adac.de/autovermietung
ADAC Versicherungen für den Urlaub	adac.de/versicherungen
Weltweite Preisvorteile für ADAC Mitglieder	adac.de/vorteile-international
Telemedizinische Beratung	adac.de/meinmedical

Diese **Produkte des ADAC** könnten Sie interessieren: **ADAC Campingführer Deutschland/Nordeuropa**, **ADAC Reiseführer Côte d'Azur** und **ADAC Reiseführer plus Elsass** – erhältlich im Buchhandel, bei den ADAC Geschäftsstellen und in unserem ADAC Online-Shop (adac.de/shop).

Anreise

Auto

Eine Umweltplakette ist für den Besuch der Stadt Trier nicht erforderlich. Nach Trier führt die **A1** aus Richtung Saarbrücken und Kaiserslautern, aus Richtung Koblenz und Köln die **A1/A48** und die **A64** aus Richtung Luxemburg. Alternativ führen folgende Bundesstraßen nach Trier:

entlang der Mosel: **B419/B51** aus Richtung Frankreich/Luxemburg

entlang der Saar: **B51** aus Richtung Saarbrücken

durch die Eifel: **B51** aus Richtung Prüm/Bitburg

Moselweinstraße: **B49/B53** aus Richtung Cochem/Bernkastel-Kues

Hunsrückhöhenstraße: **B327/B52** aus Richtung Hunsrück

Auto-Entfernungen nach Trier

Ort	km
Aachen	166
Augsburg	464
Basel	408
Berlin	729
Bochum	248
Bonn	146
Bremen	471
Dortmund	307
Dresden	663
Düsseldorf	275
Erfurt	459
Essen	292
Frankfurt/Main	189
Freiburg	347
Hamburg	584
Hannover	511
Heidelberg	196
Karlsruhe	212
Kassel	367
Koblenz	122
Köln	232
Luxemburg	47
Mainz	100
Mannheim	181
Metz	100
München	522
Regensburg	498
Saarbrücken	94
Salzburg	662
Straßburg	220
Stuttgart	307
Weimar	450
Wien	984
Wiesbaden	154
Würzburg	351
Zürich	443

Bahn

Zu den meisten Moselorten bestehen gute Anschlussverbindungen ab Trier und Koblenz. IC-Direktverbindungen nach Trier gibt es z. B. ab Köln und Mannheim, mit dem ICE ab Hamburg mit Umsteigen in Köln, ab Berlin mit Umsteigen in Koblenz, ab München und Stuttgart mit Umsteigen in Mannheim. Zwischen den Moselorten verkehren Regionalbahnen und Busse. Im 60-Minuten-Takt verkehren folgende Züge:

RE1: Koblenz – Treis-Karden – Cochem – Bullay – Wittlich – Schweich – Trier – Merzig – Saarbrücken – Homburg – Kaiserslautern – Neustadt – Mannheim

RE11: Koblenz – Treis-Karden – Cochem – Bullay – Wittlich – Trier – Wasserbillig – Luxemburg

RB81: Koblenz – Winningen (Mosel) – Kobern-Gondorf – Treis-Karden – Cochem – Ediger-Eller – Bullay – Wittlich – Föhren – Schweich – Trier
RB82: Trier – Konz-Mitte – Wellen – Wehr – Perl
Moselweinbahn: Bullay – Reil – Kröv-Kövenig – Traben-Trarbach

Bernkastel-Kues ist nicht an das Schienennetz angebunden, dorthin fahren ab Traben-Trarbach der Bus (Linie 333) oder das Schiff.

Fahrplanauskunft Deutsche Bahn

■ Tel. 018 06/99 66 33 (20 ct/Anruf aus dem dt. Festnetz, max. 60 ct/Anruf aus Mobilfunknetzen)

■ Tel. 08 00/150 70 90 (sprachgesteuert, kostenlos), www.bahn.de und mobile App DB Navigator

Bus

Das Busnetz an der Mosel ist gut ausgebaut. Im Dreiländereck verbinden Busse des Saarländischen Verkehrsverbundes die einzelnen Orte (Fahrplanauskunft unter www.saarvv.de), rund um Trier ist der Verkehrsverbund Region Trier (www.vrt-info.de) zuständig, und in der Verbandsgemeinde Cochem-Zell, im Rhein-Hunsrück-Kreis und in Koblenz sind Busse des Verkehrsverbundes Rhein-Mosel unterwegs (www.vrminfo.de).
In manchen Orten fahren die Busse jedoch nicht zu jeder Tageszeit und am Wochenende nur eingeschränkt oder gar nicht. Deshalb vorab unbedingt einen Blick auf den Online-Fahrplan werfen!

Flugzeug

Der Flughafen Luxemburg ist der nächstgelegene Großflughafen, wenn die Reise im Dreiländereck beginnen soll. Der Flughafen liegt knapp 40 km von Trier entfernt. Luxair (www.luxair.lu) bietet Direktflüge von Hamburg und Wien nach Luxemburg an, Swiss (www.swiss.com) direkt ab Zürich, und Lufthansa (www.lufthansa.com) fliegt nonstop von Frankfurt und München nach Luxemburg.

Schiff und Boot

Auf der Mosel werden zwischen Ostern und Ende Oktober zahlreiche Panorama-Rundfahrten, Halbtagesfahrten und Tagesausflüge angeboten.

Übersicht der Reedereien

■ Personenschifffahrt Gebr. Kolb, Zurlaubener Ufer, 54292 Trier, Tel. 06 51/266 66, www.moselrundfahrten.de

■ Personenschifffahrt MS Goldstück, Am Moselhang 31, 56332 Brodenbach (Heimathafen Alken), Tel. 026 25/958 17 96, www.ms-goldstueck.de

■ Entente Touristique de la Moselle (MS Princesse Marie-Astrid), 10, Route du Vin, L-6794 Grevenmacher, Tel. 003 52/75 82 75, www.marie-astrid.lu

Reisen Sie mit eigenem Boot an? An der Mosel gibt es zahlreiche Sportboot- und Jachthäfen mit Anlegemöglichkeiten. Eine Liste finden Sie auf www.yachtweb.de und www.mosel.de/freizeit/wassersport

Auto und Straßenverkehr

Verkehr

Zu den Hauptreisezeiten im Sommer und im September/Oktober während der Weinfeste muss generell mit einem erhöhten Verkehrsaufkommen und wenigen freien Parkplätzen gerechnet werden. Dann sollten Sie nach Möglichkeit auf öffentliche Verkehrsmittel ausweichen oder zu den Weinfesten die angebotenen Shuttle-Busse nutzen.

Unfall

Nach einem Unfall sollten Sie sofort anhalten, die Unfallstelle absichern und, wenn nötig, Erste Hilfe leisten. Bei Personenschaden unbedingt die Polizei verständigen (Notruf: 112).
Die ADAC Pannenhilfe Deutschland erreichen Sie bei Fahrzeugpannen und -unfällen unter Tel. 089 20 20 40 00, Mobil-Kurzwahl: 22 22 22 (Verbindungskosten je nach Netzbetreiber). Der ADAC Ambulanzdienst ist erreichbar unter Tel. 089 76 76 76.

Barrierefreies Reisen

Die Moselregion ist gut auf Reisende mit eingeschränkter Mobilität eingestellt. Unter www.barrierefrei-gastlandschaften.de finden Sie eine Datenbank, in der barrierefreie Gaststätten, Hotels und Sehenswürdigkeiten in Rheinland-Pfalz gelistet sind. Barrierefreie Unterkünfte finden Sie außerdem auf den Webseiten www.visitmosel.de/gastgeber-arrangements/barrierefreie-unterkuenfte und www.urlaub-barrierefrei.info.

Einkaufen

In den kleineren Orten lässt es sich gut bummeln. Überall gibt es hübsche Boutiquen und Lifestyle-Läden. In den größeren Städten wie Koblenz oder Trier kann man in Einkaufszentren etwas gezielter shoppen.

Feiertage

Rheinland-Pfalz ist katholisch geprägt. Gesetzliche Feiertage sind 1. Januar (Neujahr), Karfreitag, Ostermontag, 1. Mai, Christi Himmelfahrt, Pfingstmontag, Fronleichnam, Tag der Deutschen Einheit, Allerheiligen, 25./26. Dezember (Weihnachten).

Geld und Urlaubskasse

Banken sind in der Regel Mo–Fr 9–12.30 und 14–16 Uhr geöffnet. Geldautomaten findet man auch in den kleineren Moselorten.

Kosten im Urlaub

(durchschnittliches Preisniveau)

Tasse Kaffee/Cappuccino	2,40–3,60 €
Glas Riesling (0,2 l)	3,90–7,50 €
Glas Spätburgunder (0,2 l)	3,90–5,60 €
Glas Bier (0,4 l)	3,50–4,50 €
Softdrink (0,3 l)	2,70–3,50 €
E-Bike/Tag	29 €

Die Kosten variieren – je nachdem, wo man sich befindet. So können eine Tasse Kaffee oder ein Glas Wein in Trier und Koblenz durchaus mehr kosten als in einem der kleinen Moselorte.

Gesundheit

Die medizinische Grundversorgung mit Allgemeinärzten ist in den größeren Orten zwischen Trier und Koblenz in der Regel gewährleistet. Kliniken gibt es außer in den beiden Großstädten z. B. in Zell (Klinikum Mittelmosel), in Cochem (Marienkrankenhaus) und in Bernkastel-Kues (Cusanus-Krankenhaus).

Festivals und Events

April

24-h-Wanderung im Ferienland Bernkastel-Kues Dieses Rund-um-die-Uhr-Wanderevent auf dem Moselsteig begeistert jährlich 250 Teilnehmer aus ganz Deutschland und dem nahen europäischen Ausland.Es gibt keine Gewinner auf der knapp 80 km langen Strecke, was zählt, ist Naturverbundenheit und Abenteuerlust.

Mai

Fest der Römischen Weinstraße in Schweich Spitzenweine und kulinarische Raffinessen bei Musik zahlreicher Live-Bands. Info: www.roemische-weinstrasse.de

Volksfest in Trier Biergärten, Weinstände, rasante Fahrgeschäfte und Wildwasserbahn im Messepark in den Moselauen. Info: www.messe park-trier.de

Mai/Juni

Internationaler Mitternachtslauf Am Pfingstsonntag treffen sich hierfür in Kröv über 1000 Teilnehmer. Höhepunkt ist das Feuerwerk nach der Siegerehrung. Info: www.mitter nachtslauf-kroev.de

Juli

Moselwein-Festival Traben-Trarbach Immer am zweiten Juli-Wochenende verwandelt sich das Moselufer in Trarbach bei Wein, Kulinarischem und Musik in ein Festivalgelände. Info: www.traben-trarbach.de

Wein- und Heimatfest Veldenz Am letzten Juliwochenende feiert Veldenz vier Tage mit Weinproben, Live-Musik, Tanz und leckerem Essen. Höhepunkt ist die Oldtimersternfahrt durch das Moseltal. Info: www.veldenz-mosel.de

Moselmusikfestival Das größte Klassikfestival in Rheinland-Pfalz findet jährlich von Juli bis Oktober mit zahlreichen Konzerten in Trier und entlang der Mosel bis Koblenz statt. Info: www.moselmusikfestival.de

August

Koblenzer Sommerfest Das vielfältige Sommer-Musik-Festival auf der Veranstaltungsmeile an Rhein- und Moselufer findet jährlich im August zum Event »Rhein in Flammen« statt. Info: www.koblenzer-sommerfest.de

Tage des Roten Mosel-Weinbergpfirsichs Cochem Im Mittelpunkt des Geschehens am dritten Samstag/Sonntag im September steht, ganz klar, der Weinbergpfirsich. Er wird pur probiert, aber auch daraus hergestellte Spezialitäten wie Weine, Liköre und Brände oder Fruchtaufstrich und auch Eis finden ihren Absatz.

Oktober

Gauklerfest auf der Ehrenburg. Am Tag der Deutschen Einheit und am darauffolgenden Sonntag geben sich auf der Burg in Brodenbach zahlreiche Narren, Jongleure und Akrobaten in historischen Gewändern die Ehre. Info: www.ehrenburg.de

Apotheken haben in der Regel Mo–Sa 9–18 Uhr geöffnet. Bereitschaftsapotheken lassen sich unter der bundesweiten kostenlosen Notdiensthotline 08 00/002 28 33 ermitteln, via Internet: www.aponet.de

Ärztlicher Bereitschaftsdienst: Tel. 11 61 17 (bundesweit)

Haustiere

Vierbeiner sind an der Mosel generell willkommen. In manchen Hotels, Gästehäusern und Ferienwohnungen dürfen sie umsonst übernachten, in anderen gegen eine geringe Pauschale, in einigen sind nur Hunde, aber keine Katzen willkommen. Erkundigen Sie sich unbedingt vorab.

Information

Allgemeine Informationen erteilen die Fremdenverkehrsämter der jeweiligen Region. Die Kontaktdaten finden Sie in den jeweiligen Orten und Städten bei den Ortsbeschreibungen. Darüber hinaus erteilt **Mosselland-Touristik** für die gesamte Ferienregion Mosel-Saar gerne weitere Auskünfte:

Moselland-Touristik

■ Kordelweg 1, 54470 Bernkastel-Kues, Tel. 065 31/973 30, www.visitmosel.de, www.mosellandtouristik.de

Klima und beste Reisezeit

Zwischen April und Oktober ist die beste Zeit für eine Reise an die Mosel. Die Weindörfer liegen geschützt im Tal, das Klima ist milder als im Rest des Landes, vor allem in den Weinbergen, wo der Schiefer die Wärme lange speichert. In den Wintermonaten bis hin zu Ostern sind viele Museen und andere Sehenswürdigkeiten in den kleinen Orten zwischen Trier und Koblenz geschlossen, die Ausflugsdampfer haben Winterruhe, und zahlreiche Restaurants und Gasthäuser machen Betriebsferien. Besonders schön sind der September und Oktober, wenn sich die Weinberge golden färben und in Gaststuben neuer Wein und Zwiebelkuchen serviert werden.

Klimatabelle Mosel

Monat	Luft (°C) (min./ max.)	Sonne (h/Tag)	Regentage
Jan.	-1,1/3,7	1,4	21
Feb.	-0,7/5,6	2,5	13
März	1,6/9,8	3,9	16
April	4,4/14,1	5,4	11
Mai	8,1/18,5	6,4	14
Juni	11,5/21,7	6,7	13
Juli	13/23,1	6,3	13
Aug.	12,7/22,5	5,8	14
Sept.	10,2/20	4,6	13
Okt.	6,5/14,4	3,2	15
Nov.	2,9/8,3	1,6	17
Dez.	0,3/5	5	19

Märkte

Folgende Wochenmärkte finden an der Mosel statt:

Bernkastel-Kues

■ Sa 9–14 Uhr (vor dem Alten Bahnhof in Kues)

Cochem

■ Do 8–12 Uhr (Marktplatz)

Koblenz

■ Di und Do 8–14 Uhr (Schloßstr. 33)

Mettlach

■ Fr 8–13 Uhr (Marktplatz)

Traben-Trarbach

■ Do 8–13 Uhr (Platz vor der Touristeninformation am Bahnhof)

Trier (ständiger Markt am Hauptmarkt)

■ April–Sept. Mo–Sa 7–19, Okt.–März 8–19 Uhr

Medien

Die beiden führenden Tageszeitungen an der Mosel sind im Trierer Land, Konz, Saarburg und Wittlich der »Trierische Volksfreund« und von Zell bis Koblenz die »Rhein-Zeitung«. Info: www.volksfreund.de und www.rhein-zeitung.de

Notfall

Notruf

■ Tel./Mobil: 112 (EU-weit: Polizei, Unfallrettung, Feuerwehr)

ADAC Info Service

■ Tel. 0 800 510 11 12 (Mo–Sa 8–20 Uhr, gebührenfrei)

ADAC Pannenhilfe in Deutschland

■ Tel. 089 20 20 4000 (24 Std.), Mobil: 22 22 22

ADAC Ambulanzdienst München

■ Tel. 089 76 76 76 (24 Std.)

ÖAMTC Schutzbrief Nothilfe

■ Tel. +43/1/251 20 00, www.oeamtc.at

Einsatzzentrale TCS-ETI-Schutzbrief

■ Tel. +41/58/827 22 20, www.tcs.ch

Deutscher Sperrnotruf

■ Bei Diebstahl oder Verlust von Bank- und Kreditkarten: Tel. 11 61 16

Öffnungszeiten

In der Moselregion gelten dieselben Kernöffnungszeiten wie überall in Deutschland. Supermärkte haben in der Regel von 8 bis 18 Uhr geöffnet, größere Märkte oft auch länger, so schließt z. B. das REWE Center in Bernkastel-Kues erst um 22 Uhr, ebenso der REWE-Markt in Cochem, der Discounter Lidl in Traben-Trarbach um 21 Uhr. Läden für Haushaltswaren und Kleidung haben in kleinen Orten oft mittags zwischen 13 und 15 Uhr geschlossen.

Post

Postfilialen gibt es in allen größeren Orten, häufig auch in Supermärkten. Die Öffnungszeiten sind i. d. R. Mo–Fr 9–12 und 14–17, Sa 8–12 Uhr. Briefmarken werden auch in zahlreichen Kiosken und Zeitschriftengeschäften verkauft.

Sicherheit

Die Moselregion gilt als sicheres Reiseziel. Trotzdem sollten Sie die allgemein üblichen Sicherheitsvorkehrungen beim Reisen beachten. Auf gar keinen Fall sollten Sie Wertsachen im Auto offen liegen lassen, und vor Taschendieben sollten Sie sich generell dort in Acht nehmen, wo Gedränge herrscht, wie z. B. im Sommer in den Fußgängerzonen in Trier und Koblenz, aber auch während der Weinfeste und im Getümmel der Altstadtgassen von Cochem und Bernkastel-Kues.

Souvenirs

Das Souvenir schlechthin ist der Moselwein. In den kleinen Weinläden von Bernkastel-Kues, Cochem und Traben-Trarbach finden Sie hübsch verpackte Rieslinge, Roter-Weinbergpfirsichbrand, Winzersekt und andere moseltypische kulinarische Köstlichkeiten, die sich hervorragend als Mitbringsel eignen.

Sport

Angeln

Angler lieben die Mosel aufgrund ihres reichen Fischbestandes aus Aalen, Barschen, Brachsen, Hechten, Karpfen, Plötzen, Schleien und Zander.

Einen Fischerei-Erlaubnisschein erhalten Sie mit gültigem Bundesfischereischein bei den Touristikinformationen oder in Angler-Fachgeschäften. Ausländische Feriengäste erhalten diesen Schein ohne Prüfung bei der für ihren Ferienort zuständigen Kommunalverwaltung.

Fahrradfahren

An der Mosel gibt es über 1000 km Radwege, allen voran der 275 km lange Moselradweg von Thionville in Frankreich bis nach Koblenz. Geübte Radfahrer schaffen die Strecke mühelos in mehreren Etappen. Zu den beliebtesten Radwegen gehören folgende:

Salm-Radweg (17 km, Klüsserath – Dreis)
Hunsrück-Mosel-Radweg (30 km, von Treis-Karden nach Kastellaun)
Radweg Wittlicher Senke (30 km, Schweich – Wittlich)
Schinderhannes-Untermosel-Radweg (21,5 km, Emmelshausen – Burgen/Untermosel)
Rhein-Mosel-Eifel-Radweg (32,5 km, Kerben – Rhens)
Ausführliche Infos zum Streckenverlauf finden Sie auf: www.visitmosel.de/wandern/tour/rhein-mosel-eifel-radweg

Fahrräder und E-Bikes werden von Tourist-Informationen, Fahrradgeschäften und Hotels vermietet.

Golf

Golfclub Cochem Mosel: Golfen auf dem Hochplateau über der Moselschleife. 9- und ein 18-Loch-Course.

■ Am Kellerborn 2, 56814 Ediger-Eller, Tel. 026 75/91 15 11, www.golfcochem.eu

Kanu und Stand up Paddling (SUP)

Kanuvermietungen sind unter www.mosel.de/freizeit/wassersport gelistet, über SUP-Anbieter geben die in den einzelnen Kapiteln gelisteten Touristikämter Auskunft.

Reiten

Reiten entlang der Mosel oder Reitferien? Hier werden Sie fündig: www.urlaub-in-rheinland-pfalz.de (bei Suche »Urlaub auf dem Reiterhof« eingeben).

Wandern

Das Moseltal glänzt mit zahlreichen Wanderwegen, allen voran der im April 2014 eröffnete Fernwanderweg Moselsteig, der sich auf 365 km in 24 Etappen erwandern lässt. Darunter sind leichte, mittelschwere und schwere Etappen, die nur für geübte Wanderer geeignet sind. Die drei leichten Strecken des Wegs können auch von Familien mit Kindern bewältigt werden – sofern die Kinder nicht ganz wanderunerfahren sind. Detaillierte Informationen über die einzelnen Etappen, Streckenbeschreibungen, Karten sowie Tipps finden Sie auf: www.moselsteig.de

Die 24 Etappen des Moselsteigs
Perl–Palzem, Länge: 24 km (Schwierigkeit: mittel)

Palzem–Nittel, Länge: 16,5 km (Schwierigkeit: leicht)
Nittel–Konz, Länge: 22,5 km (Schwierigkeit: mittel)
Konz–Trier, Länge: 20 km (Schwierigkeit: mittel)
Trier–Schweich, Länge: 19,5 km (Schwierigkeit: mittel)
Schweich–Mehring, Länge 13 km (Schwierigkeit: leicht)
Mehring–Leiwen, Länge: 14,5 km (Schwierigkeit: schwer)
Leiwen–Neumagen-Dhron, Länge: 14 km (Schwierigkeit: leicht)
Neumagen-Dhron –- Kesten/ Osann-Monzel, Länge: 18 km (Schwierigkeit: mittel)
Kesten/Osann-Monzel–Bernkastel-Kues, Länge: 15 km (Schwierigkeit: mittel)
Bernkastel-Kues–Ürzig, Länge: 18,5 km (Schwierigkeit: mittel)
Ürzig–Traben-Trarbach, Länge: 15 km (Schwierigkeit: mittel)
Traben-Trarbach–Reil, Länge: 15 km (Schwierigkeit: schwer)
Reil–Zell (Mosel), Länge: 12,5 km (Schwierigkeit: mittel)
Zell (Mosel)–Neef, Länge: 20 km (Schwierigkeit: schwer)
Neef–Ediger-Eller, Länge: 11 km (Schwierigkeit: schwer)
Ediger-Eller–Beilstein, Länge: 18,4 km (Schwierigkeit: schwer)
Beilstein–Cochem, Länge: 14,6 km (Schwierigkeit: mittel)
Cochem–Treis-Karden, Länge: 23,5 km (Schwierigkeit: schwer)
Treis-Karden–Moselkern, Länge: 10 km (Schwierigkeit: schwer)
Moselkern–Löf, Länge: 13 km (Schwierigkeit: schwer)
Löf–Kobern-Gondorf, Länge: 14,5 km (Schwierigkeit: schwer)
Kobern-Gondorf–Winningen, Länge: 14 km (Schwierigkeit: schwer)
Winningen–Koblenz, Länge: 15 km (Schwierigkeit: mittel)

Straußwirtschaften

Ein Großteil der Moselwinzer betreibt auf den Innenhöfen ihrer Weingüter, in Fassweinkellern oder Kelterhäusern Straußwirtschaften. Zu erkennen sind diese an einem bunten Strauß, der an der Tür hängt, an einem geschmückten Weidenkranz oder an einem mit bunten Bändern geschmückten Reisigbesen. Zu den selbst erzeugten Weinen werden oft regionale Spezialitäten aus der Winzerküche angeboten. Einen Überblick finden Sie unter www.mosel-strausswirtschaften.de.

Telefon und Internet

Das Netz in der Moselregion ist gut ausgebaut und gehört für Hotels, Landgasthäuser, Pensionen und Privatvermieter zum Standard. Auch auf den Mosel-Ausflugsschiffen ist Internet-Empfang kein Problem.

Trinkgeld

Wenn Sie mit der gebotenen Leistung zufrieden waren, können Sie im Restaurant und bei Taxifahrten 10 % Trinkgeld geben oder die Summe einfach aufrunden. Bei Führungen und Hotels sind 1 € pro Person und Tag angemessen, aber kein Muss.

Unterkunft und Hotels

Camping

Wildes Campen ist an der Mosel nicht erlaubt, Campingplätze sind jedoch reichlich vorhanden. Unter www.visitmosel.de sind die Campingplätze und Stellplätze für Wohnmobile mit weiteren Infos gelistet.

Ferienwohnungen

Das Angebot reicht vom einfachen Zimmer bis hin zur komfortabel ausgestatteten Wohnung. Vor allem für Familien lohnt sich eine Ferienwohnung, da es weitaus günstiger ist, die Mahlzeiten selbst zuzubereiten, anstatt täglich im Restaurant essen zu gehen. Angebote finden Sie unter www.visitmosel.de.

Hotels und Pensionen

Hotels finden Sie eher in den größeren Orten, in den kleinen Winzerdörfern stehen zahlreiche Gästezimmer in Landgasthäusern, bei Winzern und Privatpersonen zur Verfügung. Sie sollten die Unterkunft auf jeden Fall im Voraus buchen, denn die Unterkünfte bei Winzern und in Landgasthäusern sind stark begehrt, ganz besonders während der Zeit der Weinfeste. Adressen werden in den einzelnen Kapiteln genannt, eine größere Auswahl finden Sie auf www.visitmosel.de

Jugendherbergen

Jugendherbergen/Hostels gibt es in Koblenz, Trier, Bernkastel-Kues, Cochem und Traben-Trarbach. Info: www.diejugendherbergen.de

Radlerfreundliche Unterkünfte

Zahlreiche Pensionen, Landgasthöfe und Privatunterkünfte verfügen über abschließbare Räume für Fahrräder. Gelistet sind diese auf www.bettundbike.de/radweg/mosel-radweg und www.visitmosel.de.

Vegetarische/vegane Küche

Das gastronomische Angebot der fleischlosen Küche an der Mosel ist mager. Fündig wird man in Trier und Koblenz, in den kleinen Winzerorten selbst gibt es nur in Zeltingen-Rachtig im Hotel Nicolay 1881, Deutschlands erstem rein veganen Hotel, ein entsprechendes Restaurant. Im Restaurant des Bellevue Hotels in Traben-Trarbach stehen vegetarische Gerichte auf der Karte, Veganes wird auf Wunsch zubereitet. In ländlichen Gegenden fragen Sie bei Bedarf einfach den Küchenchef, ob er Ihnen ein vegetarisches oder veganes Menü zubereitet.

Verkehrsmittel in der Region

Autofähren

Bis zum 19. Jh. gab es zahlreiche Moselfähren, deren Betrieb mit dem Bau von Brücken jedoch eingestellt wurde. Von den vielen Fähren sind heute noch zehn in Betrieb, die allerdings nur von Ostern bis Oktober verkehren. Wenn Sie mit dem Auto auf die gegenüberliegende Moselseite möchten, können Sie folgende Fähren nutzen:

Oberbillig–Wasserbillig (vollelektrische Solarfähre)
Pünderich–Marienburg
Briedel–gegenüberliegendes Moselufer
Klotten–gegenüberliegendes Moselufer
Koblenz–Lay–Winningen

Personen- und Fahrradfähren

Kövenig–Enkirch
Alf–Bullay
Cochem–Cond
Koblenz–Deutsches Eck–Koblenz–Lützel

Bus und Bahn

Nicht alle Orte sind an das Bahnnetz angeschlossen (z. B. Bernkastel-Kues). Sie können jedoch problemlos auf den Bus umsteigen und, wenn es »entschleunigend« sein soll, auch auf das Schiff. Die Ausflugsdampfer halten an den Weinorten entlang der Mosel. Auskünfte über Bus und Bahn an der Obermosel erhalten Sie auf www.vrt-info.de (Obermosel), www.vrminfo.de (Mittel- und Untermosel), und Infos zur Moselbahn auf www.moselbahn.de

Fahrrad

Fahrradverleihe gibt es überall an der Mosel, auch viele Hotels und Anbieter von Ferienwohnungen stellen den Gästen Fahrräder zur Verfügung. Von einem Winzerort zum anderen sind es nur wenige Kilometer, manchmal gerade nur ein bis zwei Kilometer, mit dem Rad sind Sie jederzeit mobil und unabhängig, und an der Mosel entlangzuradeln macht zudem Spaß. Fahrradverleihstationen finden Sie auf www.visitmosel.de/raderlebnis-mosel/service-infos-tipps/verleihstationen.

Mietwagen

Für seine Mitglieder bietet die ADAC Autovermietung günstige Konditionen an. Buchen können Sie im Internet (adac.de/autovermietung), in allen ADAC Geschäftsstellen oder unter Tel. 089/76 76 20 99.

Autovermietung vor Ort

- Trier: Europcar, Schönbornstr. 18A, 54295 Trier, Tel. 06 51/14 65 40, www.europcar.de
- Koblenz: Europcar, DB Reisezentrum, Bahnhofplatz 2, 56068 Koblenz, Tel. 02 61/88 91 80, www.europcar.de

Rheinland-Pfalz-Ticket

Das Ticket gilt montags bis freitags von 9 Uhr morgens bis um 3 Uhr nachts des Folgetages, an den Wochenenden schon ab 0 Uhr für alle Nahverkehrszüge, S-Bahnen, Straßenbahnen und Busse. Für eine Person kostet das Ticket 26 €, für zwei Personen 32 €, jede weitere Person kostet 6 € mehr. Bis zu drei Kinder im Alter zwischen 6 und 15 Jahren fahren kostenfrei mit. Das Ticket gilt im Übrigen auch für das Saarland. Infos unter www.bahn.de.

Weinfeste

Die Mosellandtouristik (www.visitmosel.de) stellt jährlich eine Übersicht aller Wein- und Straßenfeste sowie anderer Events in einer Broschüre zusammen, die in den örtlichen Tourist-Informationen kostenlos erhältlich ist, alle Infos gibt es natürlich aber auch online.

Zu den wichtigsten Weinfesten zwischen Mai und Oktober gehören neben den bereits auf S. 176 aufgeführten:

Weinlagenfest Senheim An den »Tagen der lebendigen Moselweinberge« kann überall an Ständen in den Weinbergen der begehrte Rebsaft verkostet werden.

- Mai, www.senheim.de

Mythos Mosel Am Wochenende nach Pfingsten laden 120 Weingüter in 30 Gastgeber-Weingütern entlang der Mosel zur Verkostung des neuen Jahrgangs ein.

- Juni, www.mythos-mosel.de

Wine Taste Enjoy Am Pfingstwochenende öffnen die Weinbauern an der luxemburgischen Mosel die Pforten ihrer Weinkeller, Gärten, Terrassen und Höfe für die Öffentlichkeit. Es wird verkostet und geschlemmt, was das Zeug hält.

■ Juni, www.visitmoselle.lu/de/wein-terroir/wine-taste-enjoy

Weinfest Mittelmosel Bernkastel-Kues Die Höhepunkte des Festes sind der Empfang der Mosella, der Weinkönigin von Bernkastel-Kues, außerdem der Weinfestumzug und das Feuerwerk.

■ August

Wein- und Heimatfest Cochem Mit viel Riesling, Musik, Tanz und einem großen Festumzug zählt das Weinfest am letzten Augustwochenende zu den schönsten und größten an der Mosel.

■ August

Wein- und Herbstfest Bullay Hier gibt es eine Ochsenbräterei, einen Weinbrunnen, eine Weinkönigin und jede Menge Musik und Tanz.

■ September

Kellerfest in Piesport Am erstenWochenende im Oktober steht Piesport ganz im Zeichen des Weins, dazu gibt es Leckeres vom Grill.

■ Oktober, www.piesport.de

Zollbestimmungen

Reisende aus EU-Ländern dürfen Waren abgabefrei mit nach Hause nehmen. Für Schweizer Moselreisende gilt: Bei der Einreise in die **Schweiz** bleiben Waren im Gesamtwert bis 300 CHF zollfrei (inkl. Alkohol und Tabak). Zusätzlich gelten folgende Freimengen: 250 Zigaretten/Zigarillos/Zigarren/Tabak, 5 l alkoholische Getränke bis 18 % Vol. und 1 l alkoholische Getränke über 18 % Vol. Beschränkt ist zudem die Menge von Lebensmitteln. Infos: www.ezv.admin.ch

Unterhalb der Reichsburg bei Cochem führt ein Radweg entlang

Die Geschichte der Region

6. Jh. v. Chr. Der Keltenstamm der Treverer siedelt sich in der Region an.

58–50 v. Chr. Im Gallischen Krieg bekämpft Julius Caesar die Treverer, die Römer errichten eine Infrastruktur, Straßen und Landgüter entstehen.

16 v. Chr. Kaiser Augustus gründet Augusta Treverorum, das heutige Trier.

9 v. Chr. Die Römer gründen die Stadt Confluentes, heute Koblenz.

328 Konstantin I. macht Trier zur Kaiserresidenz.

475 Trier wird von den Franken eingenommen und ist Ende des 5. Jh. endgültig unter ihrer Herrschaft.

843 Aufteilung des Frankenreiches in West-, Ost- und Mittelreich »Lotharii Regnum«.

1473 Gründung der Trierer Universität.

1618–1648 Der Dreißigjährige Krieg verwüstet ganze Landstriche. Die Schweden besetzen 1632 Treis, Cochem, Trarbach und andere Orte.

1688–1697 Im Pfälzischen Erbfolgekrieg zerstören die Truppen Ludwigs XIV. viele Burgen an der Mosel.

1794 Im Zuge der Französischen Revolution nehmen die Franzosen die Moselorte ein und beschlagnahmen Klöster, Kirchen sowie Besitztümer des Adels.

1797 Frankreich annektiert das gesamte linksrheinische Deutschland.

1815 Die französisch besetzten Gebiete fallen an das Königreich Preußen, der Weinbau wird gefördert – die Erfolgsgeschichte der Moselrieslinge beginnt.

1818 Karl Marx wird in Trier geboren.

1874–1879 Die Bahnstrecke von Trier nach Koblenz wird gebaut und mit ihr der Kaiser-Wilhelm-Tunnel, bis 1988 war dieser der längste Eisenbahntunnel Deutschlands.

1918–1923 Nach dem Ersten Weltkrieg fällt die Moselregion unter amerikanische Besatzung.

1944 Im Dezember legen Luftangriffe der Amerikaner und Engländer Koblenz in Schutt und Asche, Trier wird in eine Trümmerwüste verwandelt.

1946 Am 30. August wird das Bundesland Rheinland-Pfalz gegründet.

1969 Gründung der Universität Koblenz-Landau.

1993 Im Dezember überschwemmt Hochwasser die gesamte Region.

2011 Koblenz ist Austragungsort der Bundesgartenschau.

2014 Der 365 km lange Fernwanderweg »Moselsteig« wird eröffnet.

2018 Zu Karl Marx' 200. Geburtstag wird in Trier eine 5,5 m hohe Statue des Philosophen aufgestellt.

2023 Jungfernfahrt der »River Dream«, des derzeit größten Passagierschiffs auf der Mosel mit Platz für 600 Passagiere.

Eindrucksvolle Statue des großen Denkers Karl Marx auf dem Simeonstiftplatz in Trier

Register

Bildnachweis

Titel: Blick auf die Moselschleife bei Bremm
Foto: **Look** (age fotostock)
Rücktitel: Panorama von Trier an der Mosel
Foto: **Shutterstock.com** (Sergii Figurnyi)

akpool GmbH: 48/49 – **Alamy Stock Photo:** Prisma by Dukas Presseagentur GmbH: 58/59; The Picture Art Collection: 96 – **AWL Images:** Travel Pix Collection Klappe vorne; Hans Georg Eiben 8/9, 9.2, 60.2, 76, 114, 139, 162 – **dpa Picture-Alliance:** Harald Tittel 3.1; Thomas Frey 123 – **Fotolia:** wolfgangstaudt 10/11, 80/81 – **gemeinfrei:** 45, 46 – **Getty Images:** ullstein bild 34; Thomas Lohnes 41, 47, The Image Bank/Jorg Greuel 54; The Image Bank/Hans-Peter Merten 71; Photolibrary RM/Hans-Peter Merten 79; The image Bank/peteradams2010 121 – **Hotel Burg Arras**: 169 – **HUBER IMAGES:** Frank Lukasseck 7, 140/141; Hans-Peter Merten 18, 38; Hans-Georg Eiben 21; Udo Bernhardt 32; Chris Seba 61.1, 146/147, 165; Reinhard Schmid 89, 128/129, Hans-Georg Eiben 124; Maurizio Rellini 150; Massimo Borchi 154 – **imago:** CHROMORANGE 27; Thomas Frey 62.1; Becker&Bredel 65.2; imagebroker 85 – **imago images:** Westend61 137; imago stock: 37 – **Jahreszeiten Verlag:** Isabella Pacini 14/15, 19, 102 – **laif:** Georg Knoll 65.1; Clemens Zahn 127 – **Look:** Brigitte Merz 63.3; Look/age fotostock: 62.2 – **mauritius images:** Chris Seba 22; Ger Beekes/Alamy 26; Westend 61 30; Thomas Robbin 39; Rubert Oberhäuser/Alamy 40; MARKA Alamy 42, 43, Mark Dunn 44, Axiom Photographic 50, david soulsby/Alamy 51; ITPhoto/Alamy 55; Helmut Corneli/Alamy 62.3, 131; Udo Bernhart 36, 63.2, 104, 113; MoveUp Adrenalin in nature GmbH & Co. KG. 63.1; Wolfgang Diederich/imageBROKER 109; Lighttrawler 111; Ian Trower/Alamy 119; Helmut Corneli/Alamy 131; Markus Lange 183; Stefan Schneider 184; Shotshop GmbH/Alamy 192 – **Seasons.agency:** Jalag/Maria Schiffer 24, Michael Boyny 29 – **Shutterstock.com:** barmalini 2, 25; electricmango 3.2; Ewa Studio 6, haveseen 61.3, 153; 16/17, 98/99, 156; Leonid Andronov 145; Video Media Studio Europe 12/13; Bas Meelker 20; magicbeam 31; Alice-D 52; Boris Stroujko 56; Photodigitaal.nl 61.2; Sepp photography 69; Vytautas Kielaitis 95; Romas_Photo 101; foto-select 107; LianeM 117 – **stock.adobe.com:** sunset man 2/3; Stefan Körber 9.1, 90/91; Kristina Rütten 60.1 – **Stockfood:** Jan-Peter Westermann 23 – **Wild- & Freizeitpark Klotten:** 33

Postfach 86 03 66, 81630 München

ADAC

Markenlizenz der ADAC Medien und Reise GmbH, München

ISBN 978-3-98645-094-6

1. Auflage 2024

Autorin: Cornelia Lohs

Redaktion: Juliane Helf, Susanne Kronester-Ritter

Lektorat und Satz: Thomas Rach, www.bintang-berlin.de

Bildredaktion: Dr. Nafsika Mylona

Reihengestaltung: Eva Stadler, München; Independent Medien Design, Horst Moser, München

Kartografie: Huber Kartographie GmbH, www.kartographie.de

Herstellung: Felix Robitsch, Mendy Willerich

Druck + Bindung: Drukarnia Dimograf Sp z o. o. (Polen)

GRÄFE UND UNZER

Ein Unternehmen der
GANSKE VERLAGSGRUPPE

Wichtiger Hinweis
Die Daten und Fakten für dieses Werk wurden mit äußerster Sorgfalt recherchiert und geprüft. Wir weisen jedoch darauf hin, dass diese Angaben häufig Veränderungen unterworfen sind und inhaltliche Fehler oder Auslassungen nicht völlig auszuschließen sind. Für eventuelle Fehler oder Auslassungen können Gräfe und Unzer, die ADAC Medien und Reise GmbH sowie deren Mitarbeiter und die Autoren keinerlei Verpflichtung und Haftung übernehmen. Alle Inhalte im Buch wenden sich an und gelten für alle Geschlechter (w/m/d). Soweit grammatikalisch männliche, weibliche oder neutrale Personenbezeichnungen verwendet werden, dient dies allein der besseren Lesbarkeit.

Ansprechpartner für den Anzeigenverkauf:
KV Kommunalverlag GmbH & Co. KG, MediaCenter München,
Tel. 089/928 09 60

Bei Interesse an maßgeschneiderten B2B-Produkten:
b2b-kontakt@graefe-und-unzer.de

Leserservice
GRÄFE UND UNZER Verlag
Grillparzerstraße 12
81675 München
www.graefe-und-unzer.de

Umwelthinweis
Nachhaltigkeit ist uns sehr wichtig. Der Rohstoff Papier ist in der Buchproduktion hierfür von entscheidender Bedeutung. Daher ist dieses Buch auf PEFC-zertifiziertem Papier gedruckt. PEFC garantiert, dass ökologische, soziale und ökonomische Aspekte in der Verarbeitungskette unabhängig überwacht werden und lückenlos nachvollziehbar sind.

Unterwegs an der Mosel

Abenteuer Ballonfahrt: die Moselregion aus der Luft

Ballonfahren ist ein einzigartiges Erlebnis, und nirgendwo haben Sie einen fantastischeren Blick auf die Schönheit des Moseltals als vom Korb eines Ballons! Die Ballons starten auf dem Flugplatz Koblenz-Winningen.

■ Details unter www.rhein-mosel-ballonfahrten.de

Mit dem E-Bike

Im Moseltal können Sie sich ausgezeichnet mit dem E-Bike bewegen. Die schwierigen Steigungen halten sich, je nach Strecke, in Grenzen, und die Zahl der Ladestationen nimmt stetig zu.

■ Details zu den Moselradwegen und E-Bike-Verleihstationen unter www.visitmosel.de

Mittelmosel per Segway

Auf dem Segway durch die Weinberge, hoch über der Mosel – das ist nicht nur Entschleunigung pur, Sie erleben auf diese Art das Mittelmoseltal aus einer ganz anderen Perspektive.

■ Infos zu den Touren und Reservierung: www.mosel-on-wheels.de

Die luxemburgische Mosel als Bootskapitän erleben

Bootfahren macht Spaß. Erst recht, wenn man selbst am Steuer sitzt. Kein Bootsführerschein? Kein Problem, denn um ein Elektroboot zu steuern, ist dieser nicht erforderlich. Water Adventures in Remich vermietet die Boote für bis zu 8 Personen, auf Wunsch auch mit Verpflegung und anderen Extras.

■ Info: www.wateradventures.lu